日本建国史

小名木善行

青林堂

はじめに――基準点を明確にしよう

何が大切で、何が優先すべき課題なのか。その判断には判断のための物差《ものさ》しが必ず必要です。物差しがないとどうなるかというと、ただ問題だ問題だと騒ぐばかりになります。なぜなら、そもそも何が問題なのかがわからないからです。すると「問題」を「作り出し」て自己の経済的メリットを追求し、人を平気で犠牲にするような人たちにやられるようになってしまいます。要するに判断のための物差しとなる基準点を持たないと、近年流行の被害者ビジネスの犠牲者になってしまうのです。

基準点というのは、気象用語では「地球上の位置や海面からの高さを正確に測定した測量の際の基準となるポイント」のことを言います。これがもとになって地図が作成されたり、国土計画が行われます。軍事用語としての基準点は、砲撃を行うに際しての目標位置の捕捉のための目視ポイントです。すなわち基準点がなければ、敵への砲撃が、ただのメクラ撃ちになってしまいます。刑事事件では、捜査において「現場百回」と言われます。常に原点に還ることによって真実に迫ることができるからです。これもまた言い方を変えれば、基準点に還るということです。基準点は、私達が生きるうえで、とても大切なポイントです。日本という国を考えたとき、日本にも、日本の基準点があります。それが「建国の詔《みことのり》」であり、仁徳天皇《にんとくてんのう》の「民のカマドの煙」であり、舒明天皇《じょめいてんのう》の「うまし国」であり、天智天皇《てんちてんのう》の「公地公民」であり、持統天皇《じとうてんのう》の「尊朝愛国」です。そしてまた縄文時代から続く日本文明の蓄積もまた日本の基準点です。そしてそれら基準点の根幹にあるのは、人々が豊かに安全に安心して暮らすことができる国への渇望《かつぼう》です。

人の世というのはおもしろいもので、すべては「ないものねだり」です。ボスが威張《いば》り、支配していて、とてもじゃないけれど民主的でないような国では、民主主義が求められ、これが理想とされます。支配者が君臨して生殺与奪《せいさつよだつ》の権を握り、民衆がおびえて暮らさなければならない国では、共に助け合って生きる共産主義が求められます。自由がないから自由主義が標榜《ひょうぼう》されるし、愛国精神がないから愛国主義がうたわれます。同様に日本では、日本列島が古来、天然の災害の宝庫です。地震はやってくる、台風は毎年やってくる、津波がやってくる、ときどきは火山の大爆発まで起きたりします。そしてひとたび災害に襲われれば、たとえ生き残ることができたとしても、それまで築いた何もかもが失われることになります。

では、そうした国土にあって、どうしても手に入れることができない坂の上の雲とは、どのようなものでしょうか。それが「人々が豊かに安全に安心して暮らすことができる国」です。ですから日本は古代からずっと、そのための国作りが行われてきました。

古代の歴史というと『古事記』や『日本書紀』が有名です。あるいは『万葉集』も、古代の人々を描いた貴重な作品群と言えるかもしれません。それらの書は、いずれも巷間《こうかん》言われるような、ただ男女の愛憎恩怨のドラマが描かれたものではありません。我が国を「人々が豊かに安全に安心して暮らすことができる国」にしたいという明確な意思のもとに、それらの作品群が描かれています。つまりそこに、我が国が立脚する日本の、そして日本人の基準点が示されています。

日本に、素晴らしい文化遺産の数々があることは、これは世界が認めていることです。しかし文化というのは、ただ自然発生的に生まれるものではありません。必ず原因となる理由があって形成されていくものです。

たとえば「江戸っ子文化」と呼ばれるものがあります。喧嘩っぱやくて、べらんめえ調で、気《き》っ風《ぷ》が良くて、あっさりしていて、いつまでも怨恨《えんこん》を引きずらない。一心太助《いっしんたすけ》が大暴れして、みんなが拍手喝采を送るような、そんな江戸文化は、家康公が江戸に町を築いたときに、これを江戸の文化として、そのような方向に育てようとして、生まれた文化です。どんな時代にも、活発な人もいればそうでない人もいる。その中で、どのような人や、どのような文化にスポットライトを当てるかによって、文化の方向が決まるのです。何もしなければ、ただの混沌（カオス）状態になります。カオスはいまの日本そのものです。

推古天皇《すいこてんのう》の時代に、聖徳太子が現れて、我が国は隋や唐と対等に渡り合うことができる統一国家への道を歩み始めました。このとき示されたのが十七条憲法です。国家建設の黎明期《れいめいき》に、このような形で国家の規範が示されたことは、とても貴重なことです。なぜなら世界における国家建設は、常に反対派や対立する王や民衆への「征圧《せいあつ》と粛清《しゅくせい》」によって行われてきた歴史を持つからです。我が国は、それら「征圧と粛清」を、「文化」によって代替《だいたい》したのです。これは本当にすごいことです。

そしてこの姿勢は、その後も舒明天皇《じょめいてんのう》、その皇后であられた後の皇極天皇《こうぎょくてんのう》、そしてその子らによって受け継がれていきました。そんな中で起こったのが、白村江《はくそんこう》事件です。国内人口がまだ五百万人くらいだった時代に、一万人の若者の命が外地《がいち》で失われたのです。いまの人口比で言ったら二十五万人の若者に相当します。いまの日本の若者世代の人口は一歳につきおよそ百万人です。男性だけなら五十万人。つまりひとつの世代の男子の半数が、いちどきに亡くなってしまったのです。出征したのは、全国の豪族たちの息子さんたちです。その大切なわが子の命が、半島で失われたのです。このときの中央への反感はきわめて大きなものので、その影響は持統天皇《じとうてんのう》の時代まで続きます。そのために持統天皇は、地方への行幸《ぎょうこう》の際に夜襲されて矢傷を負われたほどです。日本は、それだけ深刻な分裂の危機に至るのです。

ところがそんな危機に瀕《ひん》した日本は、持統天皇の教育と文化によって日本を建て直すという強い意志のもと、その後、完全な統一国家の道を歩み始めます。このとき教育のための史書として書かれたのが『日本書紀』、高いレベルの文化の普及のために作成されたのが『万葉集』です。どちらもいちどきに成立したわけではなくて、長い歳月をかけて編纂《へんさん》されました。そして出来上がった記紀や歌集が、中央貴族の教育に用いられ、そこで教育を受けた中央貴族によって全国に波及することによって、日本では世界に類例のない教育と文化による国作りが行われたのです。

この本は、そうした日本の基準点、そして日本人が生きる上でたいせつな日本人としての基準点を、日本建国の原点に立ち返って明確にすることで、人生をひらく書となることを祈願して描き下ろした本です。みなさまのお役に立てれば幸いに思います。

小名木善行

目次

第1章

日本のはじまり

一　漁労民族だった古代の日本人

1　新石器時代

歴史を学ぶということは、単に年号や事件名を記憶することではありません。過去に起きた出来事の前後関係を整理することで、なぜそのようなことが起きたのか、それによってどのような結果が生じたのかを学びながら、深い洞察力を養うのが歴史を学ぶ意義です。

イタリアの哲学者でユリウス・エヴォラという人がいます。彼は「誰がいかなる歴史を語ろうと、その時代に必要とされていた事柄を反映したものに過ぎない」と述べました。事実はひとつです。しかし事実をどのように整理して歴史とするかには、様々な捉《とら》え方があるというわけです。そしてそれらは、単に時代の必要の反映にすぎないというわけです。まさにその通りだと思います。

ただし、いくら時代の必要の反映であるとしても、そこには一定の合理的な論理性がなければなりません。そうでなければ、歴史はただの思いこみになってしまい、近代的科学性を失ってしまうからです。

とりわけ先史時代《せんしじだい》の歴史の場合、考古学上の発見がひとつ行われただけで、従来説がぜんぶひっくり返ってしまうことがあります。

たとえば現生人類《新人類》です。みなさんは学校で、現生人類《新人類》は誕生してからおよそ五万年であり、それ以前には二〇万年前に生まれたネアンデルタール人などの旧人類がいたと教わったと思います。ところがその後、平成二十五年（二〇一三年）六月に島根県出雲市の砂原《すなばら》遺跡《いせき》から、約十一万〜十二万年前の旧石器三十六点が発見されました。私達日本人の先祖が用いたものです。ということは私達のご先祖は、五万年前に発生した新人類ではないということになります。さらにいえば、五万年前に生まれたとされる新人類という説は、いわゆる白人種のことであるにほかならず、白人こそが人類であって、それ以外は人ではないとする、かつての西洋での差別意識の中で生まれた説であって、我々有色人種とは何の関係もない話であったということが現在では知られるようになりました。要するにヨーロッパでは、旧人類を白人種が滅ぼしてしまったけれど、どっこい旧人類たちはしっかり日本列島で生きていたということです。

そんな十万年以上も前から日本列島に住んでいた我々の祖先は、およそ三万八千年前には、新石器時代を切り拓いています。これもまた日本全国から新石器が戦後、続々と発掘されてしまったのです。ちなみに旧石器と新石器の違いは、旧石器が自然石をそのまま使っていた時代、新石器は人間が自然石を使いやすいように加工して使うようになった時代のことを言います。どっちも石じゃないかと思われるかもしれませんが、実はこの違いには大きな意味があります。石はとても硬いものですから、これを使いやすい形に加工するためには、《いまのように機械工具がなかった時代のことですから》膨大《ぼうだい》な時間が必要だったのです。加工のためには、誰かが専業で石を加工しなければなりません。ところが人は食べなければ死んでしまいますから、別な人が食糧を調達し、それを保存し、加工して食事に出さなければならないわけです。ということは、石の加工のためには人々が互いに役割分担をして生きることができる「村落共同体」が必要になります。旧石器時代なら家族だけでの生活が可能ですが、新石器時代になると複数の家族が共同して生きる「村落共同体」が必要になるのです。村落を維持するためには言語が必要です。言語が発達すると、どうして自分たちがここで共同体を営《いとな》んでいるのかを示す神話が必要になります。つまり旧石器時代から新石器時代への移行は「文明のはじまり」そのものを意味します。

西洋では、そんな新石器時代のはじまりを、およそ八千年前のシュメール文明からとしています。シュメール文明は、我々が学校で習った四千年前の世界四大文明《メソポタミア文明・エジプト文明・インダス文明・黄河文明》よりもさらに古い時代の文明で、現代に続く最も古い文明の跡《あと》とされてきました。ところが日本で、そんなシュメール文明よりも、さらに三万年もさかのぼる時代に、すでに新石器時代が始まっていたことが証明されてしまったのです。

２　海を渡った人々

証明されたことは、単に新石器が発掘されたことにとどまりません。沼津、長野で発掘された新石器《磨製石器》は、伊豆諸島の神津島《こうづしま》でしか採れない石が用いられていたのです。これは実に驚くべきことで、伊豆半島の突端から神津島までは、海上五十七キロメートルもの潮の流れの早い海域があるのです。そんな外洋を、石を積んで往来《おうらい》できたということになるのです。

それまでは、日本の縄文時代の人々《一万七千年前から三千年前の人々》でさえ、丸木舟《まるきぶね》か、あるいは丸太《まるた》につかまって泳ぐことしかできなかったとされてきました。その方法では潮の流れの早い外洋を、五十七キロも往復することはできません。まして重たい石を運んでいるのです。泳いで渡るには遠すぎます。

そこで注目されたのが、南洋の島々に暮らす人々が使う葦舟《あしぶね》です。彼らは葦でできた軽い船に、アウトリガー《船体の外側に安定用の浮材を取り付けたもの》と小さな帆《ほ》を取り付け、島から島へと移動して暮らしています。三万八千年前の人々は、これと同じ船を用いて外洋航海をしていたのではないか。そうとしか考えられないのです。これが三万八千年前のことです。

3　槍先形尖頭器と法隆寺五重塔

まだあります。昭和二十四年《一九四九年》に赤城山麓《あかぎさんろく》で発見された新石器は、槍先形尖頭器《やりさきがたせんとうき》と呼ばれていますが、この石器の形状と、法隆寺の五重塔を建設した際に使われた槍鉋《やりかんな》は、同じ形状をしているのです。槍先形尖頭器はいまから三万年前のものです。法隆寺の五重塔は千四百年前のものです。もちろん石器と鉄器という違いはありますが、形状が同じということは、使い方も似ているということです。

法隆寺の五重塔が造られた時代は、大工道具にはこの槍鉋しかなかった時代です。世界遺産になった法隆寺五重塔は、槍鉋一本で、あれだけの造形がされたというわけです。ちなみにこの五重塔、千四百年の間には何度も地震を経験していますが、まったく崩落《ほうらく》していません。なぜかというと、なんと木造軸組で免震構造を実現しているからです。この工法は、いまの東京スカイツリーなどにも活かされています。地震の揺れのエネルギーを、木軸がギシギシとなることで放出してしまうのです。すごい技術です。

こうした塔建築は、中国から朝鮮半島を経由して日本に輸入されたものだという説がありますが、なるほど塔そのものは仏教伝来と深く関係しているし、古代の中国や朝鮮半島にも仏教の塔建築は存在しますが、それらはいずれもダンボール箱を積み重ねたような構造をしています。これだと地震が来ると崩壊《ほうかい》してしまいます。地震の多い日本の塔建築とは、根本的な建築思想が異なるのです。

そしてここが大事なのですが、木造軸組のような優《すぐ》れた建築技術は、一朝一夕で成るものではない、ということです。いうなら三万年以上にわたる永い技術の蓄積があって、はじめてあれだけ立派な木造建築が出来たということができます。

三内丸山遺跡《さんないまるやまいせき》には有名な六本の巨柱がありますが、そもそもあのような太い木を、槍先型尖頭器しかなかった時代に、いったいどうやって木を伐《き》り、整形したのでしょうか。なにしろまだ鉄器がなく、ノコギリもマサカリも電動ノコギリもなかった時代のことです。その方法とは、大木の根元を火であぶって焦《こ》がし、お焦《こ》げになったところを槍先形尖頭器《石器》でカリカリと削《けず》り取る。これを繰り返すことで、どんなに太い幹《みき》でも、枝でも伐《き》り落とすことができたのだそうです。ものすごく時間がかかる根気のいる作業ですが、そうした苦労ができるのも、村落共同体の中で、人々の役割分担がしっかりとできていたからです。そのためには言語と神話が必要であった、というわけです。

4　万年の単位で文明を考える

要するに私たちの祖先は世界に先駆けること三万年以上もの昔という途方もない古い時代から文明を築き上げてきたわけですが《注：三内丸山遺跡は今から約五千五百年前から四千年前までの遺跡。三万年以上というのは新石器時代からのことを言う》、問題はここからです。

万年の単位で歴史を考えるときには、実は、地形も現代とはまったく異なった地形であったことを同時に考慮する必要があるのです。

特に八万年前から一万六千年前までの時代は氷河期にあたり、地球全体がとても寒かった時代です。地球全体が寒冷化すると、陸上に氷河などの凍土・氷層ができます。いまなら海に注ぐはずの水が陸上で凍《こお》ってしまうのです。このため海面の高さが下がります。どのくらい低かったのかというと、三万年前でおよそ八〇メートル、二万年前から一万六千年前くらい前には、いまより一四〇メートルも海面が低かったといわれています。

こうなると……ここが大事ですが……現在、大陸棚《たいりくだな》となっているところは、およそ一三〇メートルの深度ですから、いまある大陸棚は、ほぼすべてが陸上に露出していたことになるのです。

するとフィリピン諸島は、ほぼすべてが陸続きになるし、ボルネオとインドネシア、マレー半島も全部陸続き、黄海と東シナ海は東東亜平野《ひがしとうあへいや》と呼ばれる広大な平原となって地上に露出します。日本列島も樺太から北海道、本州、四国、九州までがすべて陸続きとなり、瀬戸内海は内陸の山岳地帯になります。また朝鮮半島は、東東亜平野の北東に位置する山岳地帯で日本と陸続き、琉球諸島は、いまでこそ小さな島が鹿児島から台湾に向けて並んでいますが、これまたいまの日本列島のような、ところどころが海で分断されただけの列島になります。

同じ時代、ユーラシア大陸と北米大陸が陸続きであったという話を聞いたことがあろうかと思います。なんとなくイメージとしてはアラスカのウェールズと、ロシアのウエレンがほんのちょっぴり陸続きであったかのような印象を持たれている方が多いかと思いますが、実は二万年前には、チュクチ海とベーリング海のほとんどが陸になっていたとされています。こうなると北極海の冷たい水が太平洋に流れ込みません。一方、太平洋の赤道で温められた暖流が日本列島に向けて北上しますから、日本列島のあたりは氷河期にあっても、比較的温暖であったであろうことが窺《うかが》えるわけです。

そしてここからは是非、スマホかパソコンで、グーグルマップを航空写真モードにしてご覧頂きたいのですが、日本列島から小笠原諸島を経由して、北マリアナ諸島のグアム島まで、一直線に島々がずっと並んでいた様子を見て取ることができます。つまり三万八千年前に、伊豆半島から神津島までの海上五十八キロメートルを往来できるだけの船舶と航海技術を持った人たちであれば、二万年前にはその技術を駆使して日本からなんとグアム島やパラオ諸島まで、島伝いに行き来することが可能な状況にあったわけです。

ディズニー・アニメに『モアナと伝説の海』という映画があります。この映画ではご先祖たちがアウトリガー付きの帆船に乗って、美しい海を島から島へ旅をして暮らしていた様子が描かれていますが、まさにそんな生活が二万年前の古代の日本において行われていたのかもしれないのです。

ちなみにグアム島には、「タオタオモナ《tao tao mona》」と呼ばれる不思議な石柱群があります。かつてスペイン人たちがこの島にやってきたときに、現地のチャモロ人に「これは何だ」と聞いて、原住民が「タオタオモナ」と答えた言葉を、スペイン語で聞き取って「tao tao mona」と呼ばれるようになったのですが、この「タオタオモナ」、日本人が聞くと、どうみても「尊（とうと）いもの」にしか聞こえません。チャモロ人は三千五百年前から四千年前にインドネシアのボルネオから海を渡ってやってきた人たちということになっていますが、実はもっと古くて二万年前に日本から渡っていった人たちであった可能性も否定できないのです。

5　漁労生活

人々が島から島へと渡りながら、船で漁労をして暮らしていたとしても、必ず必要になるのが船を付けることができる島です。なぜなら真水は島にしかないし、真水を飲まなければ人は死んでしまうからです。また強風などの悪天候で海が荒れる時化《しけ》のときには、人々は島に避難しなければなりません。そして島は、北側の海が荒れても、南側で漁ができるし、西の海が荒れても、東の海で貝を拾って食べることができます。また女性の出産のときなどは、やはり安定した陸上であることが望ましいでしょう。

ですから万年の昔の人たちは、島を拠点として漁をして暮らしていたと考えられます。はじめにその島に渡った人が一組の男女であったとしても、時が経ち、子が生まれ、孫が生まれ人口が増えていくと、小島でまかなえる水や食料には限りがありますから、増えた人口の一部は、どこか別な島に移住することになります。海上の見える先に島があれば、そこへと渡るようになります。もちろん島によっては硫黄が噴出していて住めないどころか草木一本生えない島もあれば、鳥だらけ、鳥のフンだらけで人が住めない島、断崖絶壁でそもそも上陸できない島もあります。そうして島から島へと人々の生活域が広がっていくと、日本列島からしまいにたどり着くの先端がグアムであったり、パラオであったりしたわけです。

同じことは琉球諸島にも言えます。琉球諸島は、日本列島からグアム島にいたるような小さな島が連なるところではなく、いま琉球諸島となっているところが、ほぼ陸続きとなり、その内側《大陸側》に、山蛭《やまびる》のような形をした内海が広がっていました。この内海のことを「曙海《あけぼのかい》」、別名を「ヒル湖」と言います。内海は、水深が浅く、波のうねりがありません。水が透明で太陽光が海底まで届きますから、プランクトンが繁殖し、海藻《かいそう》も茂りますから、そこにはたくさんの魚が集まります。しかも氷河期にありながら暖流の関係でとても温暖で住みやすい……となればそこに多くの人々が暮らしていたであろうことは容易に想像できます。

フィリピン、台湾、琉球諸島、日本列島、小笠原諸島を経由してグアム島にいたる一帯の海をフィリピン海と呼びますが、その海には二万年前には暖流が流れ込んで還流し、とても温暖であった可能性が高いとされます。そしておそらくはこの時代、このあたり一帯に住んでいた人たちは、海洋民族として、島から島へと盛大に航海をして暮らす人々であったのでしょう。どうやら四万年前から一万六千年前までの私たちの祖先の暮らしは、まるで『モアナと伝説の海』の舞台のような、島から島へと船に乗って漁をして暮らしていたものであったのかもしれないのです。

島から島へと外洋を航海するときは、船が小さい時代には、波やうねりの少ない朝凪《あさなぎ》の時間に、波に乗って向こうの島へと渡ることになります。

「朝だ。いざ、いざ海が凪《な》いだね」

「いざ、波を越えて出発しよう!」

もしかすると私たちの遠いご祖先のそんな会話が、いざなぎ《いざ凪《なぎ》》、いざなみ《いざ波《なみ》》という伝説になったのかもしれませんね。

二 稲作の始まりとしての縄文時代と弥生時代

1 いまと異なる海岸線

我が国の縄文時代のはじまりは、いまから一万六千五百年前とされています。これは青森県の大平山元一遺跡《おおだいやまもといちいせき》で、我が国最古の土器が発掘されたことによります。終期はおよそ三千年ほど前で、そこから弥生時代が始まります。縄文時代はおよそ一万四千年という途方もなく古くて永い時代です。このことはキリスト歴の始まりからまだ西暦で二千年と少ししか経っていないことを考えれば、どれだけ長い期間であったかということです。

ところがその一万六千五百年前頃から、実は地球環境が大きく変わり始めました。およそ一万年をかけて海面が上昇しはじめたのです。そして六千年前には、いまよりも海面が五メートルから、場所によっては二〇メートル以上も高くなりました。そしてそれまで陸地となっていた大陸棚は、海に沈んでしまいました。また、小笠原諸島からグアム島にいたる列島も、多くの島々が海に沈んでいきました。人々は残った島や大陸、あるいは日本列島等に移住していくことになったのです。

これは氷河期が終わり、地球が温暖期に入ったことによる変化です。地球全体の気温が上がると、北極圏や南極圏にある陸上の氷河が溶けて海に流れ込みます。海に浮かぶ氷山はいくら溶けても海面の高さに影響しませんが《アルキメデスの原理》、陸にある氷が溶ければ海水量に影響を与えます。さらに気温の上昇は海水温度の上昇を誘いますから、海水が熱膨張を起こします。地表における海水量は膨大ですから、ほんのわずかな膨張でも、海面の急速な上昇となって現れることになります。

地球気温の変化は、人々の生活にも影響を与えます。六千年前は、いまよりも年間の平均気温が摂氏二度ほど高い時代でしたが、気温が摂氏一度高くなると仙台の気候と鹿児島の気候がひっくり返ります。二度違うと台湾の気候が日本の気候になります。台湾は南半分の高雄のあたりが熱帯、北半分が温帯ですが、実は六千年前の日本列島も、西日本一帯が熱帯、東日本一帯が温帯となっていました。

この時代は、海面がいまよりもずっと高くて、たとえばいまの関東平野は「北関東海」と呼ばれる海でしたし、現在の日本の平野部は、ほぼすべて海の底となっていました。ですからこの時代を「縄文海進《じょうもんかいしん》」と呼びます。有名な三内丸山遺跡は、およそ五千五百年前から四千年前までの約千五百年間にわたって存在した大規模集落跡ですが、ここでは「青森のような寒い地域で人々が暮らしていた」のではなくて、当時は青森あたりが気候が良くて住みよいところであったわけです。

三万年前から一万年前にかけて、海で島から島へと渡り歩いて暮らしたり、内海の「ヒル湖」で漁労《ぎょろう》をして暮らしていた人々は、生活の拠点となっていた島々が海に沈むことにより、陸での生活を余儀なくされました。その陸も縄文海進によって、いまの平野部《大阪平野、濃尾平野、関東平野など》は海の底ですから、傾斜のある地帯で生活をすることになります。

２　熱帯性気候だった西日本

一方西日本は熱帯性気候ですからワニも生息するし《大国主神話には因幡白兎《いなばのしろうさぎ》の物語でワニが登場します》、雨季と乾季がありますから、稲も自生します。稲は多種性植物ですので、食用に適していますから、その時代の人々は自生していたイネも食べていたことでしょう。岡山県灘崎町にある彦崎貝塚《ひこざきかいづか》から、およそ六千年前のイネの生息を示すプラントオパール（イネ科植物の葉などの細胞成分）が大量に発見されています。この遺跡からはイネのほかにキビ、ヒエ、小麦など雑穀類のプラントオパールも検出されていることから、イネが食用にされていたことは明白です。他にも岡山県岡山市の朝寝鼻貝塚《あさねばなかいづか》等からも大量のイネのプラントオパール（およそ六千年前のもの）が発掘されています。傾斜地での生活ですから、漁労もするけれど、同時に稲も食べるようになったであろうことは容易に推定できるし、実際、遺跡がそれを証明しているわけです。

問題は、陸上の生活には大きなリスクがあるということです。陸には獣もいますし、地震、台風、津波、火山の噴火などの天然の災害が頻発します。そしてひとたび天災が起これば、漁労ができず、食料が不足して餓死してしまうという危険が常に隣り合わせになります。ところがここで救いとなった植物がありました。それが稲です。

稲は、収穫したばかりの状態の「籾《もみ》」から、籾殻《もみがら》というお米を包んでいるのを剥《は》いだ「玄《げん》米《まい》」の状態にすると、二〇年経っても食べることができます。冷蔵庫がなかった時代に、これは長期の保存食として、とても貴重なことです。つまり自生しているお米を取って玄米の状態にして保管しておけば、いざというときの備蓄食料になるのです。

この時代の人々は、たとえば木の実なども、そのままでは痛みやすいので粉末にして保存し、食べるときは粉末を水で溶いて焼いてクッキーにして食べたりするといった工夫をしています。これが名高い「縄文クッキー」で、当時の製法そのままに焼いたクッキーは、いま観光土産《みやげ》として売られていますが、とてもおいしいものです。けれど木の実の粉末保管も、常温で年単位の備蓄は不可能です。魚介類や肉類も同じです。つまり稲だけが、常温での長期保管が可能で、いざというときのための備蓄食料になったのです。

３　気温があがった縄文海進の時代

ところが四千五百年ほど前になると、今度は気温がピークの頃より年平均で三度も下がります《いまより一度低くなった》。日本列島はずっと寒くなり、冬には全国が積雪に覆《おお》われるようになります。するといままで食べていた稲が《もともと熱帯性植物です》生育しなくなります。稲の生育に、熱帯性気候の特徴である雨季と乾季が必要だからです。

そこで人々は、稲を生育する田に水を張ることで雨季を演出し、また田の水を抜くことで乾季を演出して稲を育て始めました。佐賀県唐津市にある菜畑《なばたけ》遺跡《いせき》からは、実際に縄文後期《およそ四千五百年前》の水田跡とイネの水耕栽培跡が出土しています。

これまでは、稲作は中国から朝鮮半島を経由して日本にもたらされたとされてきたのですが、そうした一時期は定説とされた学説も、考古学上の発見によって容易にひっくり返ることがあります。常識的に考えても、熱帯性植物である稲を、どうして温帯で、わざわざ田に水を張るというたいへんな作業までして育てなければならないのか。むしろ気象状況が変化したときに、備蓄できる貴重な食料である稲をなんとかして育てたいという必要から、栽培が行われるようになったと考える方が自然です。誰だって子が飢《う》えるような悲しみなど経験したくないからです。一方、中国の揚子江の流域で行われていた稲作が朝鮮半島を経由して陸路で日本にもたらされるという説には無理があることも最近ではわかっています。このルートで日本に稲作がもたらされたとする場合、まったく稲作に適さない朝鮮半島北部で古代以前に稲作が行われていなければならないことになるからです。けれど朝鮮半島北部で古代において稲作が行われていたことを示す遺跡は、すくなくとも現時点では存在していません。

4　縄文人と弥生人

縄文時代、弥生時代という時代区分は、戦前戦中までは存在していなかった時代区分です。それまでは初代神武天皇《じんむてんのう》以前は神代《かみよ》の時代で、考古学上の土器の分類として縄文式土器、弥生式土器の分類はありましたが、それらはあくまで土器の分類であって、時代区分とはなっていなかったのです。戦後、ＧＨＱによって神代教育が否定されたことで、新たに創設されたのが縄文時代、弥生時代という時代区分です。つまり縄文弥生という区分は、戦後に作られた時代区分でしかないのです。

その縄文時代と弥生時代について、縄文人、弥生人という二系統の人々がいて、縄文人は四角い顔でどんぐり眼《まなこ》、弥生人は面長で引目鉤鼻《ひきめかぎはな》なのだという説が、一時期を風靡《ふうび》しました。要するにこの説は、弥生時代に朝鮮半島から渡来人たちがやって来て、日本列島で平和に暮らしていた縄文人たちを駆逐し、日本民族が入れ替わったのだという、これは「仮説」です。けれどもそんな「仮説」が「縄文人と弥生人特集」みたいなかたちで、テレビでさんざん拡散された結果、なんとなく多くの日本人が、「なるほど、縄文人と弥生人は、ほとんど人種、民族が違うんだ」と、変な具合に納得させられていました。

ところが、最近の考古学の研究というのは実に発展していて、その「縄文人、弥生人別民族説」なるものが、まったくの虚構にすぎないことが証明されています。たとえば岩手県気仙郡三陸町にある宮野貝塚から昭和五十三年（一九七八年）に発掘された縄文中期の成人男性の頭骨は、どうみても、細長い顔だちをしています。そしてこれ以降、ものすごい数の面長な縄文人の頭骨が発掘されています。

また、ＤＮＡの研究もこれに追い打ちをかけました。縄文時代の人骨から採取されたＤＮ

Aと、弥生時代の人骨から採取されたDNAは、同じ日本人であることが証明されたのです。さらに「朝鮮半島からやってきた」はずの弥生時代の人骨のDNAは、いまの朝鮮半島の人々のDNAと、まったくつながらないということまで判明してしまっています。

そもそも、朝鮮半島は、いまから七千年前から一万二千年前までの、まる五千年の間、まったく人跡未踏の土地だったところです。その時代に人が住んでいたことを証明できる遺跡が、まったく発掘されないのです。その朝鮮半島に、七千年前頃から日本の縄文人たちが入植しはじめ、それが弥生時代になると九州一帯から朝鮮半島南部にかけてが、「倭人」たちが住むエリアになるわけです。

そして弥生時代後期、つまり一世紀頃には、そこで倭人たちが伝えた稲作をするために、広大な田畑が開かれ、そのための土砂を盛り土した古墳も、朝鮮半島に登場するようになります。古墳は、明らかに日本にある古墳の方が時代が古いので、日本から朝鮮半島に伝わったということが、明確になるわけです。

つまり稲作も古墳も土器も人も、日本から朝鮮半島に伝わったのであって、その逆はない、ということが近年に至って科学的に証明された事実です。

５　関わりたくない人々

その朝鮮半島の北側、つまりいまの北朝鮮のあたりに、満州方面にいた遊牧民や、漢族たちが入植しました。それが「濊《わい》」と呼ばれる民族で、文明から取り残された非常に汚い民族だったわけです。その濊族の入植地（いまの北朝鮮あたり）に、今度は満州方面から貊《はく》という種族が入植し、妻を交換しあって混血し、さらにその濊と貊の混血地に、北満州から東モンゴルのあたりにいた夫余族《ふよぞく》の朱蒙《しゅもう》が、これらを制圧して紀元前一世紀頃に建国したのが高《こう》句麗《くり》です。つまり古代において朝鮮半島には、倭人と遊牧系混血族の高句麗の二種類の民族が半島の北と南にいたわけです。そして最終的には、遊牧系混血族の高句麗が半島を統一し、その一派が新羅に入りこみ、その新羅《しらぎ》が唐と手を結んで半島の倭人たちを追い出して、いまの朝鮮半島に至るわけです。

つまり、縄文人を弥生人が征服し、制圧して日本民族が半島からきた弥生人に入れ替わったというのは、真っ赤な偽《いつわ》りで、その朝鮮半島からやってきたとされるその朝鮮半島の歴史が、実は、もともと住んでいた倭人たち（縄文から弥生にかけての倭人たち）を駆逐して、半島の民族が入れ替わり、いまの朝鮮半島になっているという、あまり語られない歴史が、じつは、本当にあった歴史です。だから、いまの朝鮮族と日本人ではＤＮＡが違う。あたりまえのことです。

ちなみに朝鮮人というのは、自分たちのことを「コリアン」と呼びますが、この「コリアン」は、高句麗《こうくり》がなまってできた言葉です。要するに、コリアンというのは、あとになって朝鮮半島に住み着いた高句麗人たちのことをいうのですが、その高句麗も、後にできた高麗《こうらい》も、高句麗は七世紀に、高麗も十四世紀にとっくに滅《ほろ》んでなくなっています。とっくになくなっている国の名前で、自分たちのことをコリアンと呼ぶというのも、考えてみればおかしな話です。

ちなみに韓国メディアは、我が国の天皇のことを「日王」と呼びますが、これは断じて許せない侮辱です。日本政府は韓国に対して、敢然と抗議すべきです。

そもそも「王」というのは、皇帝の配下です。「皇帝↓王↓公↓侯↓伯↓子↓男」というのが、東亜における身分の順番で、王は、皇帝に献上品を渡すことでその国の「王」に封じてもらいます。そのときの命令書が「冊《さく》」で、だからこの秩序のことを「冊封体制《さくほうたいせい》」と呼びます。「冊封体制」における王国は、西洋における独立国としての王国と異なり、いまの日本における国と県の関係と同じであって、王国の独立性はありません。朝鮮半島の歴代の王朝は、すべて中国の皇帝から冊封を受けて「王」に封じてもらっていましたから、ひらたくいえば、あくまでも中国王朝の一部であって、独立した国ではなかったことは注意すべき点です。

日本も中国皇帝から冊封を受けていた時代がありました。けれど我が国は四七八年に応神《おうじん》天皇《てんのう》が中国皇帝からの冊封を受けたのが最後で、これ以降、二度と我が国天皇が中国王朝からの冊封を受けたことはありません。それどころか六〇七年の遣隋使においては、「日出《ひいづる》ところの天子、日没《ひぼっ》するところの天子に捧ぐ、つつがなきや」という国書を中国皇帝《当時は隋の帝国》に送り、我が国天皇は中国皇帝と、どこまでも「対等」という宣言をして、我が国の独立自尊を宣言しています。

続く六〇八年の第三回遣隋使においても、我が国は「東の天皇、西の皇帝に申す」という表現を用いて、対外的にも「天皇」を名乗り、中国の冊封体制からの自立を謳《うた》い上げています。天皇という称号は、我が国が中国の属国である冊封国ではなく、完全に完璧に独立した証《あかし》でもあるのです。つまり、近代にいたるまでずっと中国の一部であり続けた朝鮮に、我が国天皇が「王」と呼ばれる筋合いは、まったくないのです。

6 武器を持たなかった縄文人

話が縄文弥生からだいぶ脱線してしまいましたが、縄文時代について、もうひとつ、大切なことを書いて置かなければなりません。

それは、縄文時代には、武器を手にして人を殺すという文化が我が国に存在しなかった、ということです。このことは二つの理由から説明できます。ひとつは鏃《やじり》や弓、石斧《いしおの》などは、多数発掘されていますが、それらはいずれも小型で、戦いのための道具にはなり得ないのです。我が国は、縄文時代という一万四千年も続く途方もなく永い期間に渡って「人が人を殺す文化」を持っていなかったのです。

縄文時代の遺跡は全国に数万箇所あります。みなさまのお住いのお近くに貝塚《かいづか》と呼ばれる遺跡があろうかと思いますが、それはすべて縄文時代の遺跡です。これらの遺跡では、世界中の古代遺跡では必ず発見されるのに、日本の縄文時代の遺跡からはいまだにひとつも発掘されないものがあります。それが人が人を殺すための武器です。鏃《や》や弓は多数発見されていますが、大型の動物である人に用いるには小さすぎます。石斧も石が小さくて柄《え》の部分が長い。そんなものを武器にしようとしても柄のほうが先に折れてしまって役にたちません。石でできた磨製石器の剣もありますが、小型で、やはり対人用の武器としては使い物になりません。むしろ生活用の道具として用いられていたであろうと思われるものしか出土していないのです。

さらに平成二十八年（二〇一六年）のことですが、山口大学と岡山大学の研究グループが全国二四二箇所の二五八二点の人骨を調査し、このうち骨にまで達する傷を受けた痕跡《こんせき》のある人骨は、わずか二十三点《〇・九パーセント》しかないことを確認して発表しました。これは他国や他の時代と比べて極端に低い比率です。さらにいえばその傷は、なんらかの転落事故等による事故による傷であったのか、戦いによる傷であったのかの区別がつきません。ただ、戦いによる死であるならば、同種の傷を持つ人骨が同じ場所に多数埋まっていなければならないはずなのに、それがない。単独で傷のある状態で埋葬されているわけです。これは、人が人を殺すという文化がなかったことの証明です。

さらにいうと縄文時代の人の形をした人形に武器を手にした姿のものがありません。縄文時代といえば土偶《どぐう》で、もちろん土偶の多くは女性を象《かたど》ったものであるのですが、女性とばかりは言い切れない土偶でも、やはり武器を携帯した像がひとつもないのです。

これが弥生時代になりますと、人面付き土偶などが造られるようになりますが、やはり武器を携帯した土偶が、少なくとも紀元前の弥生時代中期頃までの土偶の中に、武器を手にした像がひとつもありません。

ようやく武器が出土するようになるのが紀元後にあたる弥生時代後期《一世紀頃》からで、茎《なかご》の尻に鉄製の環が付く「素環頭大刀《そかんとうたち》」や、環の付かない大刀が出土するようになるのですが、それらはすべて中国大陸の漢から輸入されたものです。

日本で弥生時代にあたる紀元前五〇〇年から紀元後三〇〇年頃は、中国は春秋戦国の時代でした。紀元前二二一年には、秦の始皇帝が、たいへんな戦いの末、中原《ちゅうげん》《中国の中部主要部》を統一、その後紀元前二〇二年には劉邦《りゅうほう》が、やはり武力で漢王朝を築きました。要するに中国は戦乱が相次ぐ時代だったわけです。いまのように明確な国境線がなかった時代のことです。戦乱を逃れて日本にやってくる人もたくさんいたことでしょうし、そうした人々が武器を手にして乱暴を働けば、日本人も自然と武器を携帯しなければならなくなったことでしょう。

７　実は貧しくなった弥生時代

おもしろいことに、縄文時代の衣装の研究というのがあって、かつては縄文時代の人々は鹿の毛皮を着るしかなかったように思われていたのですが、戦後の研究によって縄文人たちは布の衣装を、それも飾りやデザインの豊富な色柄もののたいへん装飾性豊かな衣類を着ていたことがわかっています。ところが御存知の通り、弥生時代になると土器は簡素となり、衣類からも装飾性が失われていきます。かつてはこれも「弥生時代に稲作が伝来して人々の生活が豊かになったから」と説明されていたのですが、いつの世でもそうですけれど、生活が豊かになれば、食器や衣類は贅沢で華美なものになっていくものです。いまでも生活が不安定な若い頃は百円均一のお椀《わん》でご飯を食べていても、収入があがり生活が豊かになってくれば、お茶碗も多少は高級なものになるし、衣類も古着屋さんではなくブティックで流行のファッションに身を包むようになることでしょう。つまり弥生時代は、決して生活が豊かになった時代ではなく、むしろ武器を持たず人が人を殺す文化を持っていなかった日本に、武器を手にした人たちが入ってきて、生活環境がガラリと変化した時代であったということができるわけです。

そしてこの時代に、倭国で大乱《二世紀後半》が起き、その大乱を鎮めたのが女王卑弥呼《ひみこ》であったと魏志倭人伝《ぎしわじんでん》に記されています。その卑弥呼は西暦二三九年に魏国に使いを送っています。そしてこの頃から古墳が造られるようになり、古代大和朝廷が成立していったのではないかと言われています。

三　お米と日本建国

1　建国を教えない不思議な国

世界中どこの国でも、学校で自分たちの住む国の建国の歴史や建国宣言の内容を教えます。あたりまえのことです。国があるから学校があるのだし、いざというときの行政サービスも受けることができるのです。国は自分たちの所属する共同体そのものなのですから、その国の建国の歴史や経緯、また建国の理念などを教えることは、国家として当然のことでもあります。

中共や韓国のように、たとえその建国の経緯や理念が荒唐無稽《こうとうむけい》な絵空事《えそらごと》であっても、彼らは彼らなりに、最低限の建国の歴史や経緯や理念をしっかりと学校で教えています。もちろん米国でも教えています。なるほどいまの米国で、独立宣言を諳《そら》んじることができる人は少ないかもしれないけれど、米国が独立戦争を行ったこと、その独立戦争に勝利して独立宣言を行ったという事実は、米国人なら誰でも知っていることです。米国人でなくても、日本人でも常識として知っていることです。

世界にはオリンピックに参加する国が二百六か国ありますが、そのどの国においても建国の歴史や建国宣言の内容を教えます。しかし戦後教育を受けてきた日本人で、日本建国の経緯や歴史、あるいは建国の詔《みことのり》を学校で教わった記憶を持つ方はいるのでしょうか。

日本は教育を憲法で義務化している国です。国家の行政機関として文部科学省もあります。日本という国があるから憲法があり文部科学省もあるのです。ところが憲法で義務化している小中学校で我が国の建国の経緯や理念、あるいは建国宣言を、その文部科学省の所轄《しょかつ》する小中の学習指導要項に教えなさいという記述はどこにもありません。教科書にも書かれていません。文科省はいったいどこの国の教育監督庁なのでしょうか。

教育関係者のなかには、日本は戦後に大日本帝国から日本国という「別な国」になったのだと言う人もいます。

さらには建国者である神武天皇の存在そのものを否定したり、あるいは建国の理念にまで出鱈目を吹聴している人さえもいます。かなしいことだと思います。

2　建国の詔を読む

神武天皇の建国の詔《みことのり》がどのようなものであったのか。これを『日本書紀』に書かれた原文からちゃんと読んでみたいと思います。原文と読み下し文を掲載します。もし周囲の環境が許すなら、ぜひ、声に出して読んでみていただければと思います。

●原文と読み下し

《建国の詔《みことのり》》

われひむかしを　うちてより
ここにむとせに　なりにたり
すめらきあめの　いをたのみ
あたうつために　おもむかむ
ほとりのくには　きよまらず
のこるわざわひ　ふさげども
うちつくにには　さわぎなし
まごころこめて　おほいなる
ひらきひろめる　みやこをつくる

いまはこびたる　わかきくら
たみのこころは　すなほにて
あなをすとして　すむあるも
ひじりののりを　そこにたて

自我東征
於茲六年矣
頼以皇天之威
凶徒就戮
雖辺土未清
余妖尚梗
而中洲之地無復風塵
誠宜恢廓皇都
規摹大壮

而今運屬屯蒙
民心朴素
巣棲穴住習俗惟常
夫大人立制

つねにことわり　したがへば
いみじきたみに　りのあるに
ひじりのわざに　さまたげもなし

やまやはやしを　はらひては
みややむろやを　をさめつつ
たからのくらひ　つつしみて
おほきもとひを　もってしずまん

かみはすなはち　そらのかみ
さずけたまひし　とくのくに
しもにやしなふ　すめみまの
ただしきこころ　やしなはむ
しかるのちには　むつあわせ
みやこひらきて　はちこうを

義必随時
苟有利民
何妨聖造

且當披拂山林
経営宮室
而恭臨宝位
以鎮元元

上則答乾霊
授国之徳
下則弘皇孫
養正之心
然後兼六合
以開都掩八紘

おほひていへと　なしゆかむ　而為宇
またよからずや　それみるは　不亦可乎観夫
うねひのやまの　たつみかた　畝傍山東南
かしはらのちは　くにのなか　橿原地者蓋国之墺区乎
このちにおひて　くにしらしまむ　可治之

●現代語訳

月日の経つのは早いものであの東征からもはや六年の歳月が流れました。その間に神々にご加護をいただき凶徒も滅ぼすことができました。まだまだ周辺には妖《あや》しい者が道をふさぐことがありますが、国の内にはもはや騒動もありません。

そこで真心をこめておおいなる都を築造します。いまそのための労作業をしている若者たちをはじめ、我が国のすべての民衆の心は、とても朴素《すなお》です。もちろんまだ稲作をしないで竪穴式住居に住んで狩猟採集だけで生活をしている人たちもありますが、そうした人たちを含めて、民衆が豊かに安全に安心して暮らせるよう、大人としての制《のり》を立て、正しい道（義）に従って必ず聖なる行いをしていくことに、果たして何の妨《さまた》げがあるというのでしょうか。

そのために山や林を伐《き》り拓《ひら》いて民衆のために公正を尽くす都を築きます。そして恭《つつし》んで宝位《たからのくらい》に昇《のぼ》りましょう。そうして、大昔から続く元々《もともと》からの人々が生きていく上で大切なことで、国を鎮《しづ》めていきましょう。なぜなら我が国は、もともと天の神から授《さず》けられた徳の国です。みんなで正しい心を養《やしな》って行きましょう。

いま天地東西南北のための都を築造しています。その都を四方八方を覆《おお》う大きな屋根に見立てて、みんながその屋根の下で暮らす家族のように助け合って生きていくことができる国を築いて行きましょう。畝傍山の東南にある橿原の地で国を覆い、民衆を「たから」とする国を築いて行きましょう。

3　神武天皇の足跡

はじめに「東征より六年を経た」とあります。「征」の字が後年征服とか征伐などと使われるようになったため、あたかも神武天皇《じんむてんのう》が大軍を率いて宮崎を出発して、ついに畿内にまで進出して畿内に軍事王朝を築いたかのように解釈する方が多いのですが、これはチャイナの歴史と日本の歴史を混同した誤った読み方です。

なぜなら「征」という字の訓読みは「正しきを行う」だからです。

従って「東征」とは、「正しいことを行うために東に向かった」といった意味になります。

もちろん「凶徒就戮《あたうつために　おもむかむ》」とありますから、軍事的侵攻がひとつの目的であったことも事実です。その目的《ないしは理由》は、『日本書紀』には明確に書かれています。


どういうことかというと、そもそも高天原《たかあまはら》からの天孫降臨《てんそんこうりん》は、九州の宮崎への瓊々杵尊《ににぎのみこと》だけにあったことではないと『日本書紀』は書いているのです。畿内には饒速日命《にぎはやひのみこと》という、これまた天照大御神《あまてらすおほみかみ》の孫が天孫降臨してきていたのです。ところがその末裔《まつえい》となる長髄彦《ながすねひこ》は、みずからが天孫の曽孫《ひまご》であることを重視するあまり民の暮らしをかえりみず、そのため畿内は村落同士の争いと収奪に明け暮れてしまっていて、多くの民衆が飢《う》えに苦しむ有様となっていることが、塩土老翁《しほつちのおきな》によって神武天皇のもとに情報がもたらされるのです。

「これはいけない」とお考えになられた神武天皇は、兄たちと「東に向かいたい」と話し合います。その兄たちというのは長男が五瀬命《いつせのみこと》、次男が稲飯命《いないのみこと》、三男が三毛入野命《みけいりのみこと》、そして四男が後の神武天皇となる神日本磐余彦尊《かむやまといはれひこのみこと》です。これらのお名前はすべて諡号《おくりな》と言って、お亡くなりになった後に付けられたお名前です。
五瀬命《いつせのみこと》は、五穀《ごこく》と浅瀬《つまり水田》を意味し、
稲飯命《いないのみこと》は、そのまま稲作による食事を、
三毛入野命《みけいりのみこと》は、ミケが食料のことです。
神日本磐余彦《かむやまといはれひこ》は、日本の岩を取り除くというお名前です。

つまり誰もが誰もが飢えることがない世の中にするために、稲作を普及し、そのために悪いものを取り除くために「東に向かおう」とされたわけです。そして福岡、広島、岡山に長く逗留《とうりゅう》し、そこで稲作を指導し、誰からも喜ばれて、いよいよ畿内に進みます。ところがそこでいきなり長髄彦《ながすねひこ》による急襲を受けてしまうのです。

いくら襲撃を受けたからといって、相手もまた日《ひ》の御子《みこ》《＝天照大御神の直系の子孫》です。だから「日に向かって戦うのはよくない」と、一行は船に戻って、紀伊半島を南下します。ところがその途中で長男の五瀬命《いつせのみこと》は手傷が元でお亡くなりになってしまうし、船が熊

野灘にいたったときには、大しけに遭《あ》って、次男の稲飯命《いないのみこと》、三男の三毛入野命《みけいりのみこと》が相次いで亡くなり、しかも嵐のために船に乗せてあったお米《食料》も全部海に流されてしまったのみならず、部下たちが全員、病に倒れてしまうのです。つまり、もうどうにもならないところにまで、追い詰められてしまうのです。

４　運命の分かれ目

しかしそういうときにこそ新しい展開が待っているというのが、日本古来の考え方です。困った一行のもとに、高倉下《たかくらじ》が現れて、食料を提供してくれ、しかも神々の御意思ですと、師霊《ふつみたま》の剣《つるぎ》を授かるのです。剣は戦いのための道具です。剣を神々から授かったということは、

「たとえ相手が日の御子であったとしても、民にとって悪であるならば断固戦え」

ということが神々の御意思だということです。さらに神々から遣《つか》わされた八咫烏《やたがらす》の後を付いて行くと、次々とお味方が現れ、ついにそれは軍となって、長髄彦《ながすねひこ》の大軍を打ち破るのです。

そしてここからが大事なところですが、神武天皇は、長髄彦があくまで自分は神の子であり、自分が生きることが大切だという意見を捨てようとしなかったために、やむなく長髄彦ひとりを殺したとあります。そのうえで神武天皇は、長髄彦の師《ひき》いていた人たちをすべて天皇のもとに帰順させ、部下にしています。人の命を粗末《そまつ》にしていないのです。そしてこのとき神武天皇の配下になった者たちが、古代における最大の氏族である物部《もののべ》氏の祖先であると日本書紀は書いています。

要するに日《ひ》の御子《みこ》の存在は、どこまでも民衆が安心して暮らせるためにこそあるという神武天皇の姿勢に対し、長髄彦は、天人の子である日の御子の存在そのものが大事であって、民衆はその下に位置するものという考えを捨てようとしなかった、だから殺すしかなかったのだ、と『日本書紀』は書いているのです。このことを『日本書紀』は「不可教以天人之際」と書いています。「天の神と、人の際《きわ》をいくら教えても理解しなかった」という意味です。

日本における天皇のご存在と、諸外国の王朝のあり方は違います。歴史に登場する諸外国の王は、チャイナなら天帝から天命を授かった皇帝であるし、西欧なら神から王権を授かった王です。ですから皇帝や王の命令は、そのまま神の声ですから絶対のものとなるし、結果として皇帝や王だけが贅沢《ぜいたく》な暮らしをして、民衆は単なる私物にすぎないとされてきました。

日本における天皇は、初代神武天皇の時代から、民衆の幸せこそが大事とします。高天原と同じ統治なのです。

高天原は、神々の国であり、そこにおわす民衆は八百万《やおろず》の神々です。つまり民衆は神なのです。そして日の御子である天皇は、国家最高の権威であって、政治権力者ではありません。政治権力者なら責任を取らなければなりません。けれど日、つまり太陽が責任をとって隠れてしまったら、この世は闇です。ですから八百万の神々の代表が、つまり民衆の代表が責任を持って政治権力を行使する。行使する相手は八百万の神々、つまり民衆です。その民衆を、天皇の「おほみたから」と規程しているのです。このことが建国の詔《みことのり》にある「苟有利民《いみじくもたみにりあるとき》」の意味です。

5 「みやこ」とは何か

この戦いのあと、神武天皇は橿原《かしはら》の地に「皇都《みやこ》」を造ります。漢字の意味は「都」が「人々が集いくつろぐところ」で、「皇」が「王の上に立つ人」ですから、「皇都《こうと》」と音読みするなら、それは国家最高権力者である皇帝がおわすところという意味になります。

我々日本人は、「都」と書いて「みやこ」と訓読みします。「みや」は、「おみや」というように、大切なところのことを言います。「こ」とは、倉庫やお蔵《くら》、もっというなら米蔵のことを言います。つまり、大切なお米の全国的な管理をするところが、「みやこ」です。だから神武天皇は「皇都」と書いて「みやこ」とされたのです。「而今運屬屯蒙《いまはこびたる　わかきくら》」というのは、その「みやこ」のお蔵にお米を運び込む人々のことです。

なぜお米蔵《こめぐら》なのかといえば、答えは明確です。冷蔵庫がなかった時代に、年を越えた長期の保管ができる食料は、お米だけだったからです。日本は天然の災害が多発する国です。毎年台風はやってくるし、何年かおきには必ず大地震がやってきます。そうした国柄にあって、人々が互いに奪い合い、憎しみ合うことはおろかなことです。それよりも「夫大人立制、義必随時」、つまりみんなが大人になって道理に従う、もっと詰めて言えば、平素からみんなでお米を作って蓄えて、いざ災害というときに備える。

幸いなことに我が国は、毎年天然の災害がやってくるとはいえ、それは必ず地域限定で起こります。つまり災害に遭う地域もあれば、遭わない地域もある。日頃からみんなでお米を備蓄していれば、災害に遭った地域に、災害に遭わなかった地域からお米を融通することができます。これを行うためには、中央にちゃんとした管理統制機構としての「みやこ」が必要です。こうすることで、日本全国、どこで災害がおきても、地域を越えた助け合いで、みんなが決して飢えることなく、安心して生き残ることができます。これが我が国の建国の経緯と理念です。

世界中、どこの国にあっても、歴史にある王朝は征服と征圧の歴史です。けれど天然の災害が多発する我が国では、はじめから助け合うこと、民衆こそを大切な宝とすることが、国家建国の経緯と理念です。これは世界の歴史に類例のない素晴らしいことです。そのような素晴らしい歴史を、学校で教えないというのは、あまりにももったいないと言えるのではないでしょうか。

四　神武東征

1　証明された神武東征

近年では、日本のはじまりは、せいぜい五世紀頃からで、それ以前の日本には文明すらなかったのではないかなどという説まで出されていると言われています。戦前戦中まで教えられていた皇国史観《こうこくしかん》によると、我が国は紀元前六六〇年に初代神武天皇によって建国されたとされていました。戦後この皇国史観が否定されることによって、神武天皇不在説とか、あるいは大和朝廷の成立時期は五世紀以降のことではないかなどの説が、さまざまに提唱されるようになったわけです。

ところが日本書紀によると、九州の宮崎を出発して船で畿内に入られた神武天皇は、「流れを遡《さかのぼ》って、河内国《かわちのくに》の草香邑《くさかむら》の青雲《あおくも》の白肩之津《しらかたのつ》に到着した《原文：遡流而上、徑至河内国草香邑青雲白肩之津》」と書かれています。「白肩之津」というのは、広い干潟《ひがた》のことで、時間帯によって湖になったり草むらになったりするところです。そこを「流れをさかのぼって」船を進ませたというのですから、大阪の地形がそのようになっていた時代の出来事であったことになります。『日本書紀』が書かれたのは養老四年（七二〇年）のことで、この時代には、すでに大阪は陸地になっていましたから、その記述は過去にあった実際の地形に基づいて書かれていたとわかります。

いま大阪の平野部となっているところは、六千年前頃は大きな湾、つまり海でした。そこに堺市の方にから砂が海流によって運ばれてきて、まるで人差し指を立てたような細長い砂州が、湾を塞ぐような形に延びて行きました。その砂州は、海面が下がることによって、いまの上町台地《うえまちだいち》と呼ばれる丘陵地を形成しています。そして南北に細長い上町台地の西側に、さらに砂が堆積《たいせき》することで、その砂州が吹田方面にまで延び、ついに湾をふさいで天満砂州となったのが三世紀ごろです。湾が塞がれば、湖は塩水湖ではなく、淡水湖になります。それがかつてあった河内湖で、この淡水湖の水を「堀江の開削《かいさく》」と呼ばれる工事によって大阪湾に逃すことで、河内湖を広大な田んぼに干拓《かんたく》工事されたのが、民《たみ》のカマドの煙で有名な、第一六代仁徳天皇《にんとくてんのう》です。

ですから当然、初代神武天皇《じんむてんのう》の時代は、大阪が陸地となった仁徳天皇《にんとくてんのう》の時代よりも以前の出来事であり、神武天皇が大阪にやってこられたときの様子が、瀬戸内から乗ってきた船でそのまま河内湖に入られたというのですから、これはまだ天満砂州が吹田側につながるよりも以前の出来事ということになります。そしてその時代は、紀元前千年から、紀元百年頃までの間の時期ということになります。つまり『日本書紀』に基づく皇国史観に関する神武天皇の時代は、地形からみても、すくなくとも誠実に記述されたものであったと言えるのです。

2 崇神天皇

さらに第十代崇神天皇《すじんてんのう》の時代には、我が国の人口が古事記では「人口の半分以上が失われた」、日本書紀でも「人口のほとんどが死滅した」とされる時代がありました。おそらくは疫病の流行によるものなのですが、それが西暦でいうといつ頃の時代のことなのか、これまではわからないとされてきました。ところが二〇一九年（平成三十一年）に東大の研究チームが日本人のＤＮＡの研究から、いまからおよそ二五〇〇年前、つまり縄文時代と弥生時代の端境期《はざかいき》に、それまで二十六万人あった人口が、突然八万人にまで減少していたことを明らかにしました。国内人口の三分の二が失われるという、たいへんな事態です。具体的にこれが崇神天皇の御世であったことを示す文献史料は記紀だけですが、他の時代に、これほどの大量死が日本で起きたことを示す記録はありません。そして神武天皇の時代は、それ以前のおよそ二七〇〇年前のことですから、時代的にもおおむね一致することになります。

3　日本書紀に書かれた神武東征

それではここで、神武天皇の建国へと至る道を日本書紀をもとに見てみましょう。

神武天皇というお名前はご生前のお名前ではなく、ずっと後世の、奈良時代になってから付けられた漢風《かんぷう》の諡《おくりな》です。これを漢風諡号《かんぷうしごう》と言います。それ以前は「神日本磐余彦天皇《かむやまとのいわれひこのすめらみこと》」と呼ばれていました。これもまた崩御《ほうぎょ》された後の諡《おくりな》で、「大きな船で豊かな食物をもたらして日本の神となられた天皇」という意味を持ちます。「磐」が大きくて盤石な船、「余」が旧字が「餘」で豊かな食物を意味します。訓読みの「かむやまといわれひこ」は、やまとの神といわれた彦（男）です。

生前のお名前は「彦火火出見《ひこほほでみ》」で、鸕鷀草葺不合尊《うがやふきあえずのみこと》の第四子として誕生しています。生まれながらにかしこく、十五のときに太子《ひつぎのみこ》となられています。日本書紀のこの記述から、上古においては我が国では末子相続《まっしそうぞく》が行われていたといわれています。

末子相続の制度は、いまでも遊牧民の一部などに見られる習慣で、子が成人したときに親から家畜などの一定の財産をもらって独立していく結果、最後に残る末子が親許から独立しないで、親が死ぬと親の手許に残った財産をそのまま相続するという制度です。仮にもともとの倭人たちの生活が島々での漁労《ぎょろう》生活であったとすれば、生まれた子は成人するに従って親から船や漁具などをもらって独立して他の島に渡って結ばれて子をなし、最後に残った末子が親の住む家や船、漁労道具などを相続していたであろうことが窺《うかが》える記述となっているわけです。

さて神武天皇は、日向《ひむか》の国の吾平津媛《あひらつひめ》と結婚して、一男の手研耳命《たきしのみみのみこと》が産まれ、四十五のとき、兄弟四人が集まった場で、「実は塩土老翁《しほつちのをじ》から聞いたのだけれど、東の方には、瓊々杵尊《ににぎのみこと》と同様に、天照大御神《あまてらすおほみかみ》の孫として降臨した饒速日《にぎはやひ》がいたけれど、そのあとを継ぐ者が民を粗末にしていることから、村々に争いが絶えないという。そこで東の国に行ってみようと思うが、どうか」と相談します。

兄弟は二つ返事でこれに賛同し、四人は畿内に向かうのですが、途中、大分で前途を祝って歓待を受けたあと、福岡、広島、岡山に逗留《とうりゅう》して、そこで農業指導を行います。結果、何年もかけて畿内までたどり着かれます。この逗留ですが、神武天皇たちは、天照大御神から「吾が高天原に作る神聖な田の稲穂をわが子に授けましょう《原文：以吾高天原所御斎庭之穂亦当御於吾児》」という『斎庭《ゆにわ》の稲穂の神勅《しんちょく》』とともに、高天原の神聖な稲穂をいただいて地上に降臨された瓊々杵尊の一族です。この神勅に従《よ》って、神武天皇の一族は、稲を天照大御神からの大切な授かりものとして稲作を続け、その栽培方法を、途中で指導しながら畿内へと進まれたわけです。農業指導ですから、これは時間がかかります。

いわゆる「神武東征」というと、あたかも神武天皇が東に向かって大軍を進めて征服をしていったかのように誤解して読んでしまうところですが、もともと「征」という字は「正しきを行う《イ》」が漢字になったものです。つまり正しいことをしながら、東に向かったわけで、この場合の正しいこととは、御神勅《ごしんちょく》に従った稲作のことを言います。ちなみにこの

『斎庭の稲穂の神勅』によって、我が国では全国でお米を栽培する農家の人々が、高天原の稲を栽培する神聖な人々という位置付けになります。これが我が国の「民こそがおほみたから」という考え方の基礎です。

稲作のための田んぼ仕事は、とてもたいへんです。狩猟採集生活の方が、平時であれば生活は実ははるかに楽なものだと言われています。縄文時代の研究の大家である小林達雄先生は、その著書の『縄文文化が日本人の未来を拓く』で、「縄文時代の人々は狩猟採集のために一日三時間程度働くだけで暮らすことができたのではないか」と述べられています。人は苦よりも楽を好みます。平時はそれで良いかもしれません。けれど、ひとたび天然の大災害が起きれば、食料が不足して全滅の危機を招いてしまうのです。

建国の詔では「猶未霑於王沢」と書いていますが、「いまだ王である瓊々杵命《ににぎのみこと》に与えられた湿地《沢＝田のこと》でうるおって《霑》いない」という意味ですから、これもまた「稲作の恩恵《＝食料備蓄の恩恵》にあずかっていない」ということです。

神武天皇は、兄弟たちとともに船で東へと向かいます。途中、大分で盛大な歓待を受けた後、筑紫国《つくしのくに》の岡水門《おかのみなと》《現、福岡県遠賀郡の遠賀川河口》に三か月、安芸国《あきのくに》の埃宮《えのみや》《広島県府中町》に一年、吉備国《きびのくに》の高嶋宮《たかしまのみや》で三年滞在します。この時代の「年」は、稔《みの》った稲穂を意味する漢字で、当時は二期作ですから、いまでいう半年が「年」という字になります。つまり三年とあるのは、いまの暦《こよみ》なら一年半という意味です。その一年半の間に、神武天皇の一行は「兵食《カテ》を備えた《原文：蓄兵食》」とあります。つまり三度の収穫によって、移動するに十分な食料の確保を行ったという意味です。

4　浪速に入る

こうして食料を蓄えた神武天皇の一行は、いよいよ難波之碕《なにわのさき》から、潮の流れによっていっきに河内国《かわちのくに》の白肩之津《しらかたのつ》に到達します。この時代、いま大阪市の市街地にあたる部分は塩水湖となっていて、堺市のあたりから人差し指を伸ばしたような岬がその塩水湖をふさぐように伸びていました。その岬の先端あたりの潮の流れが速かったので、そこが浪速国《なみはやのくに》と呼ばれるようになり、後に難波《なにわ》と呼ばれるようになっています。神武天皇の一行の移動は船ですから、潮の流れはとても気になることであったわけで、それが地名にもなっているわけです。

神武天皇の一行が膽駒山《いこまやま》《生駒山》から大和盆地に入ろうとしたとき、長髄彦《ながすねひこ》の一団によって襲撃を受けます。この襲撃で長男の五瀬命《いつせのみこと》が怪我《けが》をされます。五瀬命の「五」は五穀、「瀬」は膝から下の高さに水を張る田を意味します。神武天皇は「私は日の神の子孫なのに日を向いて戦ったのは、天の道に逆らうことだ《原文：今我是日神子孫而向日征虜此逆天道也》」と述べて、兵を引きます。これは「我が国の民は大人しい庶民も悪党も、みな神の子なのだから、戦いをすることが正義ではない」という意味です。要するに神武天皇は、あくまで戦いを避けようとされていたわけです。

ところが残念なことに兄の五瀬命は、その怪我がもとでお亡くなりになってしまいます。

さらに一行を乗せた船は熊野灘で暴風雨に遭い、二番目の兄の稲飯命《いないのみこと》、三番目の兄の三《み》毛入野命《けいりのみこと》が、嵐を鎮《しず》めるために入水してお亡くなりになります。稲飯は、稲のご飯、ミケは食料のことですから、どちらも食料を意味します。つまり、食料さえも流されてしまったわけです。

この時代、飢えは病気を呼びます。熊野の荒坂津《あらさかのつ》に着いたときには、兵たちも病んで元気を失ってしまいます。そこに熊野の高倉下《たかくらじ》が現れます。高倉というのは、高床式の蔵《くら》《＝

倉》のことで、この時代はお米を備蓄する施設のことを言います。その下ということは稲作をする人という意味です。熊野にも稲作をする人々がいたわけです。

5　運命の転機

高倉下は、神々から神武天皇のためにと授かった韴霊《ふつみたま》の剣《つるぎ》を、神武天皇に渡します。「韴魂」というのは悪を断ち切る魂という意味ですから、これを神々が授けたということは、悪には断固として戦え！ということが神々の御意思であるということです。

ならば、とばかり戦いを決意された神武天皇ですが、なぜかどうしても険《けわ》しい山道を越えることができない。どういうことかと思っていると、夢に天照大御神があらわれて、「頭八咫烏《かしらやたがらす》を遣《つか》わすから、郷導者《くにのみちびき》とせよ《原文：朕今遣頭八咫烏、宜以為郷導者》」と詔《みことのり》されます。そして本当に頭八咫烏《かしらやたからす》が空から翔《か》け降りてきます。この八咫烏は、いまでは三本足のカラスとして日本サッカー協会のシンボルマークになっていますが、もともとは前漢の時代の『淮南子《えなんじ》』に登場する神話で、「昔、広々とした東海のほとりに扶桑の神樹があり、十羽の三足烏が住んでいた」といった記述に基づきます。この三本足のカラスが順番に空に上がって口から火を吐き出すと太陽になるのですが、十羽もいるから太陽十個で日差しが暑くてたまらない。そこで堯帝《ぎょうてい》が羿《すい》という弓の名手に命じて、このうちの九羽を射落とさせたために、めでたく太陽がひとつになったというお話です。つまり、八咫烏というのは、太陽神である天照大御神の御意思そのものを意味していることになります。

その八咫烏に付いていきますと、山道の中から、長髄彦を始めとする盗賊団に食料を奪われて困っている人たちが次々と現れてくる。その人達とともに、悪い奴らと戦って勝利するのですが、その戦いのさなかに、みんなお腹を空かせます。そこで神武天皇は、以前に稲作の指導をして、備蓄米をたくさん持つようになった瀬戸内の人々に、お米を運んできてもらいます。つまり瀬戸内で指導した稲作の成果が、さっそくここで現れているわけです。

6　国をひとつにまとめる

こうして長髄彦《ながすねひこ》との戦いに勝利した神武天皇は、いよいよ長髄彦と直接対談をします。ここでも話し合いの精神が発揮されます。神武天皇は「神々の御意思は、どこまでも民衆が幸せに生きることにある」と説かれるのですが、長髄彦は「そうではない。自分が天つ毘古《ひこ》であり、天照大御神の直系の霊《ひ》を受け継ぐものであることこそが偉大なのだ。お前は私の土地を勝手に奪いに来ただけではないか」と話が平行線でまとまらない。こういうことってありますよね。

そこでやむなく神武天皇は、長髄彦を斬り捨てます。そのうえで長髄彦の家族や親族一同に「君たちの思いはどうなのか」と問うと、その者たちは、自分たちも民衆こそが宝だという意見に賛成だという。そこでこの一族の者たち全員を、神武天皇は高官として取り立て、その一族が古代氏族の中で最大の実力を誇った物部《もののべ》の一族になっていきます。

こうして国をひとつにまとめられた神武天皇は、橿原宮《かしはらのみや》で初代天皇として即位され、始馭天下之天皇《はつくにしらすすめらみこと》と言われるようになりました。このお名前は、はじめて天下《あめのした》を馭《のりこなし》た天皇という意味です。そこで神武天皇の日本創業のことを「建国」と言います。「建国」というのは人的な力で国を始めたことを言います。前節で述べましたように、神武天皇は災害等で食べるものに困っているところへお米を融通《ゆうずう》することで、天下をひとつにまとめられました。それはつまり人的な努力による建国という意味です。

これに対し、「はつくにしらすすめらみこと」は、もうひとり第十代の崇神天皇《すじんてんのう》がおいでになります。崇神天皇は、御肇国天皇で、このように書いて神武天皇と同じく「はつくにしらすすめらみこと」と読みます。ここでいう「肇国」は、これで「ちょうこく」と読みますが、「肇」という字は扉《とびら》を開くという意味があり、神々の祝福を受けて国を肇《はじ》めた、という意味になります。

「建国」と「肇国」、このふたつがどのように説かれているか、次の節で考えたいと思います。

五　建国と肇国

1　降臨・建国・肇国

我が国の建国は、『日本書紀』の神武天皇記に書かれた、「辛酉《かのととり》の年の春一月一日、神武天皇は橿原宮《かしはらのみや》で帝位につかれ、この年を天皇の元年とされました」に依拠します。原文は次の通りです。

「辛酉年春正月庚辰朔　天皇即帝位於橿原宮　是歳為天皇元年」

この記述に基づき、旧暦の神武天皇元年一月一日が、明治七年から当時の太政官布告によって新暦の紀元前六六〇年二月十一日とされたのは、みなさまご存知の通りです。いまはこの日が「建国記念の日」です。

ところが実は、『日本書紀』は我が国の創業を、三つの段階で説いています。初めが瓊々杵尊《ににぎのみこと》の「天孫降臨」です。次が神武天皇による日本建国で、これを「始馭《はつくにしらす》《しぎょ》」と言います。三段階目が第十代崇神天皇による「肇国《はつくにしらす》《ちょうこく》」です。

瓊々杵尊《ににぎのみこと》は、天照大御神《あまてらすおほみかみ》の御神意《ごしんい》を受けて、地上に降臨されました。ですから瓊々杵《ににぎの》尊《みこと》の名前は、『日本書紀』では「天饒石国饒石天津彦火瓊瓊杵尊《あめにぎしくににぎしあまつひこひこほのににぎのみこと》」です。「天饒石、国饒石」というのは「天の高貴な食べ物、国の高貴な食べ物」という意味で、前にご紹介した通り、天照大御神から斎庭《ゆにわ》の稲穂の御神勅《ごしんちょく》をいただいて地上に降臨されています。つまり天から授かった高貴な稲穂で、国を豊かに誰もが安心して食べていかれる国にするために、地上に降臨されたわけです。

御神意は他にもあります。それが「天壌無窮《てんじょうむきゅう》の神勅《しんちょく》」で、次のように書かれています。

豊葦原《とよあしはら》の千五百秋《ちいほあき》の瑞穂《みずほ》の国は、
是《こ》れ吾《あ》が子孫《うみのこ》の王《あるじ》たる可《べ》き地《ち》なり。
宜《よろ》しく爾皇孫《いましすめみま》就《ゆ》きて治《しら》せ。
行矣《さきくませ》、
宝祚《あまつひつぎ》の隆《さか》えまさむこと、
当《まさ》に天壌《あめつち》と無窮《きはまりな》かるべし。

御神意よって我が国がはじまったのです。ですから国が隆《さか》えることは天壌《あめつち》が永遠のものであるのと同様に、永遠のものです。吉田松陰《よしだしょういん》は、尊王攘夷《そんのうじょうい》運動に血眼《ちまなこ》になっている水戸藩郷士の堀江克之助《ほりえよしのすけ》に、次の手紙を送りました。

「天照《あまてらす》の神勅《しんちょく》に、
『日嗣之隆興天壌無窮《ひつぎのさかえむことあめつちにきはまりなし》』と有之候所《ありそうろうところ》、
神勅相違《しんちょくそうい》なければ日本《ひのもと》は未《いま》だ亡《ほろ》びず。
日本未だ亡びざれば、
正気重《かさね》て発生の時は必ずある也《なり》。
只今《ただいま》の時勢《じせい》に頓着《とんちゃく》するは
神勅を疑《うたがふ》の罪軽《かろ》からざる也」

《現代語訳》
天照大御神の御神勅《しんちょく》に、「日嗣《ひつぎ》の隆興《さかえ》まさむこと、天壌《あめつち》とともに無窮《きはまりなかる》べし」とあります。そして御神勅の通り、日本はいまだ滅んでいません。
日本がいまだ滅んでいないなら、日本が正気を取り戻すときが必ずやってきます。
ただいまの時事問題に頓着《とんちゃく》して、簡単に日本が滅びると言うのは、ご神勅を疑うというたいへん重い罪です。

天照大御神は我が国の最高神であり、その最高神の御意思は、絶対のものです。そのうえ天上界と同じように豊かな国にするようにと、瓊々杵尊《ににぎのみこと》が地上に派遣されています。これが我が国のはじまりです。

2 天の下をおさめる

ところが高天原の稲穂をいただき、無窮《むきゅう》の御神勅をいただいたとしても、だからといってひとりひとりの国民が豊かに安心して生きることができるとは限りません。日本列島は地震、台風、津波、水害、落雷、火山の噴火など、天然の災害の宝庫ともいえる国土を持ちます。もっというなら、ほんの三百年前までは富士山は噴煙を上げ続ける活火山でした。そしてひとたび台地が怒り、海が荒れ、河川が氾濫し、火の雨が降れば、たちまち多くの人がお亡《な》くなりになり、備蓄《びちく》していた食料もすべて失ってしまいます。

そこで常温で長期の保存ができるお米を用いて、これを全国で常時備蓄するようにし、災害にあって食料を失ってしまった被災地に迅速に食料を届ける体制を築かれたのが神武天皇《じんむてんのう》です。

また地上世界の悲しさで、なかには「神とつながっているから俺は偉いのだ」と、民の暮らしを顧《かえり》みない者もありました。そこで神武天皇は九州の宮崎から、わざわざ遠く離れた畿内に入られて、そんな履き違えた者を征伐されています。

つまり人的な力で、国の立て直しを図られて、「建国の詔《みことのり》」を出され、初代天皇に御即位あそばされました。これを、

「始《はじ》めて天下《あめのした》を馭《をさめた》まふ（原文：始馭天下）」

といいます。

「馭」という字は、馬を乗りこなすといった字で、天下をひとつにまとめあげられたという意味を表しています。なぜそのようになるのかというと、神武天皇が、お米の流通を通じて、大規模災害があっても、誰もが安心して生きていくことができるようにされたからです。したがってこれをもって「建国」としています。「建国」の「建」は、もともと「聿」の部分が筆で文字を書いている姿の象形で、これに道を延長する意味の「廴」が付いて出来ています。つまり人が筆を手にして何かを書き始めることが文字の成り立ちで、そこから転じて「人の手によって新たに建てられること」を意味するようになったのが「建」という字です。

ですから家を新築するときは、「家を建てる」と言います。人の手によって家が建築されるからです。国が建てられるときというのも、これと同じで、特定の人によって国が営《いとな》まれるようになったとき、それは「建国」と呼ばれます。世界の歴史に登場する王国や、現代の世界にある諸国は、いずれも人の手によって国がはじまっていますから、まさに「建国」という表現で正しいことになります。

3　国を肇《はじ》める

ところがお米の融通をしあうことで、互いに助け合うことができる国の形を築いても、疫《えき》病《びょう》はどうにもなりません。医療が発達したこんにちにおいても疫病は世界を震撼《しんかん》させるおそろしい病気ですが、十七世紀くらいまでは、その影響はすさまじくて、簡単に人口の六割、八割を失わせせました。

たとえば十四世紀に中国で発生した疫病《ペストであったと言われています。別名が黒死病》は、当時ユーラシア大陸を制覇していた元の大帝国によって、またたくまにヨーロッパにまで広がりました。この時代、元《げん》の大帝国は、いまの中国にあたるところだけで一億二千万人の人口があったといわれていますが、疫病《えきびょう》の流行でなんと人口が二千五百万人にまで減《へ》ったと言われています。つまり人口が八割も失われました。このため元は都を捨てて祖先のいた北方遊牧地に還《かえ》り、統治者がいなくなったところで南京で「明《みん》」を立国したのが明の始祖の朱元璋《しゅげんしょう》です。一方ヨーロッパでも、この疫病によって人口の六割が失われ、地中海はオスマン帝国に占領され、地中海交易で利益を上げることができなくなったスペイン、ポルトガルが新たな市場を求めてアフリカ方面へと進出することではじまる大航海時代を誘発しています。

また十七世紀には、やはり中国から疫病が発症し、当時の明国は九千五百万人いた人口を、二千万人にまで減らし《およそ八割減》、明国が滅亡して、清《しん》の時代を迎えています。このときも感染はヨーロッパにまで広がり、前回同様、人口の四割が失われました。このため混乱した市民たちは魔女狩りをはじめ、これに恐れをなした多くの市民が北米大陸へと移住をはじめることになりました。

要するに疫病の流行は、国の形を変えてしまうくらいの、大きな影響を与えるものといえるのです。

4　疫病の恐怖

ところが我が国では、いまから二千五百年前の第十代崇神天皇《すじんてんのう》の御世に、国内人口の三分の二が失われるたいへんな疫病被害があって以降、十万人単位の疫病の流行はたびたび世間を騒がせていますが、国内を揺るがすほどの大きな、大陸で起きたほどの甚大な被害を及ぼす感染症被害は起きていません。右に述べた十四世紀の疫病のときは、我が国は南北朝時代ですが、飢饉の記録はあるものの、疫病の猛威は記録されていません。また十七世紀の黒死病の大流行のときも、我が国は大阪冬の陣、夏の陣などの戦乱はあったものの、疫病の大流行の記録はありません。どういうことかというと、ここに「肇国《ちょうこく》」が関係してくるのです。

崇神天皇《すじんてんのう》の時代に大流行した疫病について、『古事記』は「人口の過半数が失われた」と書いているし、『日本書紀』もまた「人口のほとんどが失われた」と書いています。また二〇一九年（平成三十一年）に東大の研究チームが日本人のＤＮＡの研究をしたところ、二五〇〇年前に我が国の人口が突然三分の一になってしまった時期があったことが確認されています。

ウイルスの存在なんてわからなかった時代のことです。多くの人の死という事態に直面された崇神天皇は、もっぱら神々に祈りました。するとあちこちの神々から、ああしたほうがいい、こうしたほうがいいと、様々な御神託が得られました。たとえば皇居で祀《まつ》られていた天照大御神《あまてらすおほみかみ》は、笠縫邑《かさぬいむら》《現在の檜原神社》にお移しされた方が良いというので、その通りにされました。

ところが全国の多数の神社《現在では十五万社》があるわけです。それぞれの神社から、ああしたほうがいい、こうしたほうがいいと次々と意見が寄せられるようになると、もはや収拾がつかなくなります。そこで崇神天皇は、全国の神社を四つの階層に組織化されていきます。それが、天社《あまつやしろ》、国社《くにつやしろ》、神地《かむどころ》、神戸《かむべ》です。

天社《あまつやしろ》は、いわば朝廷直下の地方政庁です。

国社《くにつやしろ》は、いまでいう県庁です。

神地《かむどころ》は、市区郡役場です。

神戸《かむべ》は、町役場のようなものです。

そして天社では、参拝時の柏手《かしわで》を四回。国社では三回、神地は二回、神戸は一回とされました。もっともその後、国社以下はその後全部まとめて柏手は二回になり、いまの二礼二拍手一礼の作法となっています。四回とされた天社は、いまでも出雲大社とか新潟の弥彦神社《やひこじんじゃ》などで、柏手が四回鳴らされます。二千年以上続く伝統です。

5　画期的な新システムとなった手水舎

この階層化とともに実施されたのが、神社における手水舎《ちょうずしゃ》の設置です。人の集まる神社でのこの手水《てみず》の慣習は、それがとても良いことだからと、各家庭でも手洗い場が普通に設けられるようになり、すこし古い旧家なら、いまでもこうした手水舎が屋敷内に残っていたりします。

この崇神天皇の手水舎の設置が、どの程度の効果をもたらしたのか。これについて二〇一九年（平成三十一年）六月に東大の研究チームが出した日本人のＤＮＡの解析から明らかになった二五〇〇年前の大量死の発見があります。研究成果によると、縄文時代の日本の人口は二十六万人、それが二五〇〇年前、突然八万人に減少します。なんと三分の一です。ところがその後、人口が六十七万人に増加しているのです。日本人のＤＮＡの研究から発見されたこの事実が、『古事記』、『日本書紀』に「いったん減った人口が、天皇のお働きによって再び増加し、ちまたにはよろこびの声が満ちあふれた」と書かれています。

そして手洗いの習慣によって、我が国では二五〇〇年前の大量死以降、歴史上何度も疫病は日本に上陸しましたが、十万人単位で死者がでることはあっても、人口の過半を失うような《つまり千万人単位で死者がでるような》事態は、以後二千五百年間、一度も起きていません。

６　言葉を大切にする

人口の極端な減少期に行われた施策が、生き残った人々に大きな影響を与えることを「ボトルネック効果」と言います。我が国における崇神天皇の時代は、いまからおよそ二五〇〇年前の出来事ですが、その人口の減少期に、崇神天皇によって疫病が克服され、同時に全国の神社が中央朝廷のもとに完全に組織化されています。疫病がまたたく間に沈静化したこと、その後に多くの子供が生まれ、日本中がにぎやかになったこと、よろこびの声が満ちあふれるようになったこと、それらはまさに神々の御意思が働いたに違いないということで、この

崇神天皇《すじんてんのう》のお名前を、
「御肇国天皇《はつくにしらすすめらみこと》」といいます。

「肇」という字は、手に筆を持って《聿》、音を立てながら《攵》、神聖な「戸」を開くという部品で構成された漢字で、訓読みが「はじめ」です。つまり「肇国」は、人の意思というよりも、神々の御意思に従って国が「肇《はじ》め」られることを言います。崇神天皇の神々への尊崇の念《おも》いと、実際にあった疫病の克服、その後の民のよろこび。これらを合わせて、崇神天皇を「御肇国天皇《はつくにしらすすめらみこと》」と呼んでいるわけです。

教育勅語には、この「肇国」という文字が出てきます。「皇祖皇宗《こうそこうそう》国ヲ肇《はじ》ムルコト宏遠ニ」です。瓊々杵尊《ににぎのみこと》から神武天皇、そして崇神天皇に至る皇祖皇宗によって、国が肇《はじ》められたと、ここにもちゃんと記されているわけです。

このように私たちの先輩は、言葉をとても大切にしてきました。日本語を話す日本人であれば、日本語で思考し、日本語で対話します。つまり思考は日本語によって行われるわけです。そうであれば、日本語を正確に、またちゃんとした意味を共通の定義としていくことは、対話を成立させ、コミュニケーションを行い、あるいは論考をするに際して、とても大切なことです。そのためにあるのが国語教育です。

しかし現代の国語教育は、果たしてそうした日本語の奥行きの深さや、日本的精神性をしっかりと教育するものになっていると言えるのでしょうか。もしなっていないとするならば、それは現代日本が抱える重要な問題のひとつであり、改善をはかるべき課題です。

そういう議論がちゃんとできる国になっていくことが、国の未来を拓《ひら》くのだと思います。

こらむ　米国の教科書に書かれた日本の歴史

名越二荒之助先生の『ドキュメント　世界に生きる日本の心――21世紀へのメッセージ』という著書の中に、米国の中等教育用の教科書の記述の日本語訳が掲載されています。

すこし古いものですが、文をまるごと引用します。

Land of the Gods（神々の国）

Japanの子供たちは、学校で次のように学んでいる。イザナギという権威ある神が、その妻のイザナミとともにFloating Bridge of Heaven（天の浮橋）の上に立った。イザナギは、眼下に横たわる海面を見降した。やがて彼は暗い海の中に、宝石を散りばめた槍《やり》をおろした。その槍をひき戻すと、槍の先から汐のしずくが落ちた。しずくが落ちると、次々に固まって、島となった。このようにして日本列島が誕生した。

その島でイザナギは多くの神々を生んだ。そのなかのひとりに、太陽の女神があった。女神は孫のニニギを地上に降りたたせ、新しい国土を統治することを命じた。ニニギは大きな勾玉《まがたま》と、神聖な剣と、青銅の鏡の三つを持って、九州に来た。これらはすべて、彼の祖母から贈られたものであった。これら三つの品物は、今日もなお、天皇の地位の象徴となっている。ニニギにはジンムという孫があって、この孫が日本の初代の統治者となった。それは、キリスト紀元前六六〇年の二月十一日のことであった

何百年もの間、日本人はこの神話を語りついできた。

この神話は、日本人もその統治者も、国土も、神々の御心によって作られたということの証明に使われた。現在のヒロヒト天皇は、ジンム天皇のDirect Line（直系）で、第一二四代に当たるといわれる。かくして日本の王朝は、世

界で最も古い王朝（dynasty）ということになる。

これは米国の中学校の地理の教科書にある記述です。

地理教育というのは、戦後日本では、単に地名を丸暗記するだけの、きわめてツマラナイ教科になっていますが、もともとは日本では寺子屋の時代から、地理は、その地域の地名や歴史を学ぶことで、その地域への深い愛情を育《はぐく》むという目的を持った教科でした。

戦後、米国は日本の戦前戦中までにあったこの日本の教育方法を採り入れ、地理は、たいへんに人気のあるおもしろい教科になっています。一方で残念なことに戦後の日本では、いまだに地理は社会科の中の一課目であり、ただの暗記科目とされています。これはとても残念なことです。

それにしても、日本人で教えられない日本の神話を、米国が義務教育で教えているというのは、きわめておもしろい出来事であるように思います。名越先生のこの本は、いまから三十三年前の昭和六十二年（一九八七年）に展転社から刊行された本です。この本は、手元に一冊残っています。

さて、右の文中に、

「イザナギは、眼下に横たわる海面を見降した。
やがて彼は暗い海の中に、宝石を散りばめた槍《やり》をおろした」

という記述があります。これが「アメノヌボコ」のことであるということは、すぐにお気づきいただけるものと思いますが、そのアメノヌボコは、『古事記』では「天沼矛《あめのぬぼこ》」と書き、『日本書紀』では「天之瓊矛《あめのぬぼこ》」と書かれています。

『古事記』でいう「沼矛」とは、「水辺で御神刀を捧げて祈りを唱えて神様をお招きする」という意味を持つ「沼」の矛、ということを示します。

一方、『日本書紀』の「天之瓊矛《あめのぬぼこ》」は、「瓊とは玉なり。これを《ぬ》と云う」と注釈がされています。（原文：此云努瓊、玉也、此云努）。つまり、『日本書紀』は「瓊矛」を「宝石で飾られた槍」と書いているわけで、上の米国教科書は、『日本書紀』をベースにして、上の文を書いているとわかります。

戦前戦中までの教科書でいう「国史」では、神話および古代史については、『日本書紀』が土台にされていました。そしてこのことは、『日本書紀』が元正天皇《げんしょうてんのう》に献上された養老四年（七二〇年）の翌年から、同書が教科書として使われ続けたことに由来します。つまり教科書としての歴史として、『日本書紀』は千三百年もの実績を持つ、聖書を除けば、ある意味世界最古の教科書であったわけです。

戦後はＧＨＱによって、この『日本書紀』に基づく国史教育が禁止され、このため「それでも神話教育は必要だ」と考える多くの人達によって、「『日本書紀』がダメなら『古事記』があるさ」とばかり、『古事記』にスポットライトが当たるようになりました。

さてもさても、日本で教えられない日本神話が、米国の中学校ではちゃんと教えられています。内容は戦前戦中の我が国の国史教科書に基づくものです。米国で教科書で教えられている日本の成り立ちが、なぜか日本ではまったく教えられていない。

その米国へ、留学や仕事で日本人が渡航するわけです。すると彼らは待ってましたとばかり、イザナギ・イザナミとアダム・イブはどのように違うのか?などと聞いてくる。ところが答える日本人は、イザナギ・イザナミといえば、ゲームのキャラクターくらいの認識しかない。

神話教育は、我が国の国民精神涵養《かんよう》の基礎になるものです。すぐにとはいかないまでも、この先、しっかりと教育の場で教えられるように、我が国の教育制度を根幹から見直すべきであると思います。

それは、私たち日本人が、日本人としての根本的な常識を取り戻すということだからです。

第2章

日本の形成

一　日本武尊と弟橘比売命

1　日本武尊の諸国平定

古代の英雄ヤマトタケルは、『日本書紀』では日本《やまと》武尊《たけるのみこと》、『古事記』では「倭建命《やまとたけるのみこと》」と表記されます。ちなみに『古事記』では、「やまと」を「倭《やまと》」と書いているのですが、この「倭」という字が「小さい人、背の低い人を意味する中国人による蔑称だ」という風説が、かなり流布しています。「倭」という字は「亻＋禾＋女」で出来上がっている字で、稔《みの》った稲穂《禾》にかしずく女性《女》たちのいる国《亻》を意味する字です。つまり稲作の国、瑞穂《みずほ》の国を倭国と書いているわけで、あながち蔑称とばかりは言えないものです。『日本書紀』は「日本」と書いて「やまと」です。

日本《やまと》武尊《たけるのみこと》は、第十二代景行天皇《けいこうてんのう》の皇子《みこ》で、第十四代仲哀天皇《ちゅうあいてんのう》の父です。もとの名は小碓尊《おうすのみこと》でしたが、父の景行天皇《けいこうてんのう》から九州の熊襲《くまそ》討伐を命ぜられ、このとき熊襲の首長の川上《かわかみ》梟帥《たける》から、「たける」の名をもらって「やまとたける」と名乗られました。

九州から戻った日本武尊《やまとたけるのみこと》は、父天皇から東国の平定を命ぜられます。都を出発したあとに戦勝を祈願して祈りを捧げたところが愛知県の知立市で、その場所がいま知立神社になっています。ちなみに知立とは「知らすを立《た》てる」という意味です。民衆こそを「おほみたから」として慈《いつく》しむことを、古い言葉で「知《し》らす」と言います。日本武尊《やまとたけるのみこと》が祈願した戦勝とは、すなわち「知らすを立てること」、つまり民衆こそを「おほみたから」として慈しむ社会を実現することにあったわけです。

知立を出発した日本武尊《やまとたけるのみこと》の一行は、あるとき地元の国造《くにのみやつこ》に欺《あざむ》かれて、野原で火攻め（焼き討ち）に遭《あ》います。このとき三種の神器のひとつである草薙《くさなぎ》の剣《つるぎ》で難《なん》を逃《のが》れるのですけれど、そのことが由来《ゆらい》となって静岡県に焼津《やいづ》の地名が残っています。

さらに東へと向かう日本武尊《やまとたけるのみこと》の一行は、いまの神奈川県の横須賀あたりから、東京湾を横断して房総半島に向かおうとします。ここは海流の激しいところであることから走水《はしりみず》の海と呼ばれた難所です。その走水の海を渡る途中で、一行の乗った船は嵐に遭遇します。このとき日本武尊《やまとたけるのみこと》の妻《出雲風土記では皇后》の弟橘比売命《おとたちばなひめのみこと》が、海神を鎮《しず》めるためにと入水自殺しました。海は夫を想《おも》う妻の気持ちが海神に通じて、時化《しけ》がやみました。

2 弟橘比売命の入水

このとき、弟橘比売命が入水する直前に詠《よ》んだ歌が、次の歌です。

さねさし相武《さがみ》の小野《おの》に燃《も》ゆる火の
火中《ほなか》に立《た》ちて問《と》ひし君《きみ》はも

弟橘比売命は、いままさに海に飛び込もうとするときに、その身を投げることには何も言わず、

「あの相武の小野（焼津）で燃えさかる炎の中で、その炎で自分が焼け死んでしまうかもしれないというのに、そのことよりも私の安否を気遣ってくれたあなた……」と詠んだのです。

ちなみに歌にある「さねさし」は枕詞《まくらことば》で、意味がないと多くの解説書にありますが、

「さね」というのは、古語では「突起」のことをいいます。「さし」は、「砂嘴《さし》」とか「指《さ》し、差《さ》し」などと書かれるように、細長く突き出たものをいいます。つまり「さねさし」は、細長く突き出た「岬」のようなものを意味します。そこから「さねさし相武の小野」は、相武国（駿河の国）の長い突き出た岬にある小野（焼津の岬の野原）という意味になります。いまでは焼津市のあたりは広大な平野になっていますが、大昔はそこは岬が突き出て湾を形成している天然の港でした。まさに『日本書紀』の記述通りの地形であったわけです。

ちなみに、このとき入水された弟橘比売命の袖《そで》が流れ着いたというのが千葉県の「袖《そで》ケ浦《うら》」、弟橘比売命を忘れられないヤマトタケルノミコトが、足柄《あしがら》で「吾妻《あづま》はや」と嘆《なげ》いたことが、東国を「あずま」と呼ぶ縁起《えんぎ》とされています。

さて実は『古事記』には、弟橘比売命が入水するとき、「菅疊八重・皮疊八重・絹疊八重を波の上に敷きて、その上に下りましき」という記載があります。嵐で海に揉《も》まれている最中に、海の上に、菅《すげ》の畳《たたみ》を八畳分、皮を八畳分、絹を八畳分敷《し》いて、その上に降り給《たま》いて、この歌を詠んだあとに海に消えたとあるのです。このことから学べることは、どんな緊急時にあっても《海の上で嵐に遭って波間に揉《も》まれているのですから、まさに緊急時、非常事態です》祭祀《さいし》をきちんと行い《菅疊八重・皮疊八重・絹疊八重を波の上に敷きて》、いかなる場合においても、相手が示してくれた恩義（焼津で自分を気遣ってくれた）を忘れずに、感謝の心をもって、嵐のような強大な敵に、たとえ命を犠牲にしてでも、男女ともに立ち向かいなさい、という教えが、ここにはあるのだと思います。

国難と呼べるような非常事態は、常に私たちの身に降り掛かります。けれど、どんな緊急時にあっても、我が命を失うことがあっても、報恩感謝の心を失わず、祭祀を大切にして、まっすぐに生きて行く。そして生残った者は、亡くなり、命を捧げて犠牲になった人の心をいつまでも決して忘れない。そのひたむきな真面目さにこそ、日本人の真骨頂《しんこっちょう》があるのだと思います。

二　熊襲、蝦夷、土蜘蛛

1　熊襲・土蜘蛛・蝦夷の民の役割

我が国は、長期の備蓄《びちく》ができる米づくりを国の柱として、被災時に助け合うことをもって建国の基礎が出来、さらに衛生環境を良くして疫病《えきびょう》に備《そな》えた肇国《ちょうこく》が行われ、日本武尊《やまとたけるのみこと》によって、民衆こそが宝とされる国柄《くにがら》を目指し、弟橘比売命《おとたちばなのひめのみこと》によって、どんな火急のときにあっても、ちゃんとした手続きを踏《ふ》むことが大事とされる国柄が形成されていきました。そしてこのことが、古代大和朝廷の基礎となるのですが、こうなると、稲作ができない土地の人々、あるいは漁労や狩猟などの大昔からの生活を保持している人たちをどうするかが、大きな国家的課題となります。これが熊襲《くまそ》、土蜘蛛《つちぐも》、蝦夷《えぞ》の問題です。

もともと日本は、その建国の理念が、災害時における助け合いにその根幹を持ちます。縦に長い日本列島では、天然の災害は、多発はするけれど、必ず被災地域が限られるという特徴があります。冷蔵庫のなかった時代において、長期の保存が可能な食材は、唯一《ゆいいつ》、お米です。そのお米を全国で生産し、これを備蓄《びちく》し、備蓄されたお米を被災地に届ける仕組みを中央官庁（朝廷）が取り仕切る。こうすることで、日本全体、諸国が天下のもとに統一されるという仕組みによって形成されたのが日本です。

熊襲《くまそ》の場合、住んでいる地域がシラス台地で火山灰土です。水が地面に染《し》み込《こ》んでしまってお米の生産ができません。そこでお米の代わりに、労役《ろうえき》として兵や工事人足《こうじにんそく》を差し出すことが行われました。ところが軍事や工事では、ときに死傷者が多発するわけです。二期作で半年ごとに収穫できるお米と異なり、人は成人するまでに最低でも十五年を要しますから、すぐに補充することができません。加えて、労役によって子や夫を失った家族の傷みがありますから、一定以上に死傷者が出たりしたときには、熊襲の人たちが、それ以上の労役を拒《こば》むということが起こるわけです。そうした事情をちゃんと汲《く》んでくれる人が地域の管理職として赴任《ふにん》してくれていれば、中央朝廷にそうした事情をちゃんと報告して、事がまるくおさまるのですが、杓子定規《しゃくしじょうぎ》に、何人を労役に出せと、決《き》まりばかりを前面に出す、頭の固い人が担当になると、労役や兵を出さないことが反乱とみなされるようになります。

そもそも、お米は二期作ですから、年二回収穫できるし、収穫の都度、その一部を税として収めることが可能です。税として収めたお米は、いざ災害というときには、その何倍にもなって還《かえ》ってくるのですから、税はいわば、いざというときの損害保険のような側面があったわけです。

ところが人を労役や兵役に出すということは、もちろん、いざ飢饉《ききん》となったときに中央朝廷からお米を分けてもらえるというメリットがある反面、十八歳の若者ひとりをつくるためには、十八年の歳月がかかるわけです。大きな戦役や、巨大な土地開拓《かいたく》事業などのために人を供出しても、その若者が事故や怪我で亡くなれば、その補充は、すぐに「はい、できます」というわけにいかないのです。これが押し問答になって、結果決裂すると、朝廷はこれを反乱とみなして、兵を差し向けなければならなくなるわけです。

古代において、たびたび熊襲が反乱を起こし、朝廷が討伐軍を差し向かわせるという事態が起きているのは、こうした理由によります。

土蜘蛛《つちぐも》と呼ばれる人たちもいます。

これは神武天皇の建国の詔《みことのり》にも「穴《あな》を巣《す》として住《す》む人」として登場します。「穴を巣として住む」というのは、縄文時代の遺跡に行くと見ることができますが、地面に穴を掘り、その上に茅葺《かやぶ》きの三角屋根を乗せるという構造の家屋です。これを竪穴式住居《たてあなしきじゅうきょ》と言います。

井戸水《いどみず》は年間を通じて水温が十五度で、このため夏は冷たく、冬は暖かく感じるものですが、同様に地面に穴を掘ってそこに住むと、夏涼しくて冬暖かな家になります。この竪穴式住居に住む様子が、土蜘蛛《つちぐも》が地面に穴を掘って生きることに似ているというところから、土蜘蛛の名で呼ばれる人々となりました。

彼らは、水耕栽培を嫌い、山や海で自然から採れる縄文以来の食生活を保持している人たちです。なぜなら稲作をはじめると、田んぼに水をひきますので、竪穴式住居では床に水が滲《し》みてしまって生活ができなくなります。ですから稲作民は高床式住居《たかゆかしきじゅうきょ》となり、稲作をしないで縄文以来の食生活を続ける竪穴式住居に住む人たちが土蜘蛛と呼ばれるようになったわけです。

そんな彼らは稲作をしませんので、お米を税として納《おさ》めることができません。さりとて魚やウサギやタヌキの肉は、冷凍設備がない時代に長期保存ができませんから、納める途中で腐ってしまいます。そこで、「いざというときに皇室を外護《げご》する、その代わり、天然の災害などで食に困ることが合った場合は、朝廷がしっかりと食材を提供して彼らを守る」という、相互補完関係が成立しました。なんだかアニメの「キングダム」に登場する、嬴政《えいせい》《秦の始皇帝》と山の民《たみ》の関係みたいですが、その関係が、朝廷と土蜘蛛の間に成立していたわけです。ですからいまでも、土蜘蛛の人たちは、ご皇室に何かあれば身を挺《てい》してこれをお守りするという伝統を受け継いでいるのだそうです。

2　蝦夷から産出した金は日本の交易品として役に立った

奥州の蝦夷《えぞ》の民も、たびたび朝廷と衝突《しょうとつ》しています。

これもまた、そもそも稲は熱帯性植物ですから、古い時代において寒冷地の東北地方では、昔はお米が穫れなかったのです。いまでは品種の改良によって、美味しいお米が穫れるようになりましたが、昔はそうはいきません。そうなると年貢《ねんぐ》として納《おさ》めるものがないわけですから、朝廷に従うわけにいかなくなります。

第二十一代雄略天皇《ゆうりゃくてんのう》の時代以降、秦《はた》氏の一族が全国に派遣されて、東北地方でも桑畑や養蚕による絹糸の生産が行われるようになり、また小麦や粟などの生産が可能になるのですが、それでも寒冷の影響で収穫量にかなりのブレが出るわけです。しかし天然の災害が起こるということは、全国皆同じです。万一のことがあれば、救済にお米が必要になります《ここでもお米の長期備蓄性が重要な要素となっています》。

けれど、そのためには、お米か、お米が採れないなら別な形で税を納めなければならなくなるわけです。ところがそれができずにいれば、払うように催促されるし、できなければ反乱を起こすしかなくなるわけです。こうして奈良時代くらいまでは混乱が続くのですが、平安時代になると、この混乱がおさまっていきます。理由は、東北地方における金の産出です。日本は米本位性の国ですが、当時にあって国際取引においては金が絶対的な交換価値を持っていました。東北地方では、川の水をザルですくうと、タダでいくらでも金の粉が採れましたが、あたりまえにあるものだったために、それまではただの「きれいな粉」でしかなかったのです。いってみれば沖縄のビーチの星の砂みたいなものです。

ところがその金色の砂粒が、海外との交易で絶大な力を発揮するようになるのです。これによって東北地方、北陸地方は、にわかに活気づき、後には奥州藤原三代の栄華などがはじまるようになるわけです。

こうして東北地方は、金で税を納め、その代わりとして災害時の食料を朝廷からいただくことができるという関係が成立するようになっていきました。

近年では、日本の歴史を無理やり西洋や大陸の歴史と同じレベルで見ようとするあまり、あらゆるものを「対立関係」で捉《とら》えるため、どうみても論理矛盾を起こした歴史認識が目立ちます。しかし天然の災害が多発する日本では、いかにして災害から身を守り、また災害発生後の復興をいかに早く行うかは、欲望のために人と人とが殺し合うよりもはるかに重大な課題であったし、その事実はいまも変わらないことです。こういうことを忘れて歴史を見れば、判断を過《あやま》つのもあたりまえです。

ひとつの考えにしばられるのではなく、さまざまな可能性を加味して、根底から歴史を考えてみる。そうすることで、現代を生きる我々にも、また違った未来、違った可能性が拓《ひら》けてくるのではないかと思います。

三　十七条憲法の本当の意味

1　雄略天皇は治安の悪化を糺し、大陸からやって来る悪人を捕縛・死罪にした

お米を持って国の助け合いの柱とするという古代大和朝廷の考え方は、誰もがお腹いっぱ

いご飯を食べることができる幸せに至ります。そのためには、さらに大きな農地の開発が必要になります。

いまでは信じられないことでしょうけれど、大阪城のあるあたりから西側は、昔は海だったし、大阪城の東側は巨大な沼だったのです。第十六代仁徳天皇《にんとくてんのう》は、この沼の水を、天満の砂州に堀を開くことで抜き、沼一帯を広大な農地として開発されました。金が価値を持つ前の時代のことです。この時代の豊かさのバロメーターは、食料の有無です。この干拓事業によって、我が国はたいへんに豊かな国となり、おかげで中国にあった呉国が仁徳天皇のもとに朝貢してきたりもしています。我が国は当時の東亜社会にあって先進国とみなされるようになったのです。

ところがこうして国際交流が盛んになると、なかにはろくでもない人たちも日本にやってくるようになります。日本は縄文以来、人が人を殺すという文化をそもそも持ち合わせていない国ですが、やってくる人たちの中には、人を人と思わず、殺して食べるお肉くらいにしか思わない人たちもいたわけです。こうなると、国内の治安が悪化します。そして治安の悪化は、人々に争いの心を生みます。こうして第二十代安康天皇《あんこうてんのう》の御世《みよ》になると、なんと天皇までが暗殺されるという、たいへんな国に日本がなってしまうのです。

このことを憂慮された第二十一代雄略天皇《ゆうりやくてんのう》は、みずから悪人たちを次々に捕縛、投獄、死罪にしていかれました。このことは、どうしようもなく悪人たちがはびこった時代に、いわば雄略天皇みずからが必殺仕置人を率いたようなものです。こうして我が国は雄略天皇の時代に、すっかり治安を取り戻します。

そして雄略天皇は、その崩御のとき、「すべては民の平穏な暮らしを守るためであった」と述懐されています。

2　推古天皇と摂政・聖徳太子の治世

一方、この頃から長い戦乱の時代にあった中国は、第三十三代推古天皇《すいこてんのう》の時代に、ついに隋という軍事大国によって中原《中国の中央部》が統一されます。中国が内乱状態にあれば、我が国は国際情勢に関わりなく、国内問題だけを行っていれば良かったのですが、中国が超大国として軍事力を持つようになると、我が国の安全保障上、極めて大きなリスクが生じることになります。
推古天皇《すいこてんのう》は、第二十九代欽明天皇《きんめいてんのう》の皇女で、幼い頃から姿色端麗《ししょくたんれい》で、進止軌制《しんしきせい》《挙措動《きょそどう》作《さ》が整っていること》の、とても麗《うるわ》しい女性であったと伝えられています。仏教をめぐる蘇我氏《そがし》と物部氏《もののべし》の争いの果てに、蘇我馬子《そがのうまこ》に請われて、我が国初の女性天皇に即位されました。

即位された推古天皇は、甥《おい》の廐戸皇子《うまやどのみこ》を皇太子に立てて、すべての政務を見させました。この廐戸皇子が、たいへんに人格識見《じんかくしきけん》とも素晴らしいということで、後に聖徳太子《しょうとくたいし》と呼ばれています。

推古天皇の時代、つまりそれは聖徳太子が政務を司《つかさど》る時代であったわけですが、極めて大きな問題が噴出しています。一般によく言われるのは、チャイナに隋の大帝国が出来たことですが、実はもっと身近な問題があったのです。それが新羅《しらぎ》問題です。
実は推古天皇七年（五九九年）に、日本で大地震が起きました。このとき百済《くだら》は日本の朝廷にお見舞いを献上しているのですが、新羅は、日本が国内の震災復興でたいへんな状況にあることを奇貨《きか》として、日本の直轄領であった任那《みなま》に攻め込《せこ》むのです。

３　新羅出兵と新羅の裏工作

朝廷はすぐに一万の兵を起こして新羅に攻め込みました。すると新羅の王は恐れかしこまり、すぐに降参して朝廷への服従を誓うのです。さらに朝廷に使者を派遣して、朝貢を約束するだけでなく、

「天に神があり、地に天皇がおわします。
この二神を除いて、どこに恐れかしこまるものがあるのでしょうか。
以後、一切の戦闘行為は行いません。
また船の舵を乾かさないで、毎年必ず朝貢を行います」
と上奏文を提出するのです。

そこまで言うのならと、朝廷は半島に派遣していた軍を撤収するのですが、するとすぐに

新羅はふたたび任那に侵攻したのみならず、日本に間者（スパイ）を送り込みました。

そこで朝廷は、六〇二年に来目皇子《くめのみこ》を将軍にして、二万五千の兵を立てて新羅征伐を図ろうとします。ところが突然、来目皇子が病にたおれてしまうのです。そればかりか、翌六〇三年にはお亡くなりになってしまいます。

やむなくこの年、来目皇子の兄の当麻皇子《たぎまのみこ》を征新羅軍《せいしらぎぐん》の将軍にするのですが、今度は同行した妻の舎人姫王《とねりのひめみこ》が、旅の途中の明石《あかし》で急死してしまいます。このため、急遽《きゅうきょ》新羅征伐が中止になりました。


当時、この二つの死には、二つの理由が考えられました。

ひとつは「新羅の工作」による変死です。

もうひとつは「神々が新羅征伐を望んでいない」という見方です。

新羅は、もともと神功皇后《じんぐうこうごう》の時代に日本への服属《ふくぞく》を誓った国ですが、スキを見ては、何かと周辺国に難癖をつけて、他国の財を奪おうとしました。そのくせ堂々と兵を差し向ければ、戦わずにすぐに降参するし、あるいはあらゆる裏工作を行って事態を混乱させる。

問題は、新羅に二度とこうした混乱を起こさせないために、どうしたら良いのか。ここが思案のしどころです。そしてこの葛藤から生まれた答えが、実は、冠位《かんい》十二階《じゅうにかい》の制度と、十七条憲法《じゅうななじょうけんぽう》です。ワガママで身勝手な他所の国を責《せ》めるのではなく、まずは自分たちが率先して秩序のある良い国になっていこうとしたのです。古来変わらぬ日本人の姿勢です。

こうして六〇三年十二月に冠位十二階が制定されました。服属している他国（つまり新羅）を責めるのではなく、まずは日本自体が率先して上下の秩序を明確に示そうとしたのです。その秩序の中には朝貢国《ちょうこうこく》であった新羅王も含まれます。たびたび周辺国に迷惑をかける新羅に対し、上下関係をはっきりとさせようとしたのです。

そしてこの翌六〇四年の元旦に出されたのが十七条憲法です。秩序は上下関係ですが、それだけでは日本の国柄に反します。ですから上下一体となって、相互に議論を交わすことを「憲法」として発布したのです。

４　十七条憲法とその真髄

この十七条憲法は、一般には「和をもって貴しとなせ」と、仲良くすることばかりを範とする内容の憲法だと誤解されています。しかしこの十七条憲法が明確に主張しているのは、単に仲良くすることではなく、上下心をひとつにして、「ちゃんと議論をして問題を解決しよう」ということです。

この議論のことを、古い言葉で「論《あげつらふ》」と言います。現代用語で「あげつらふ」といえば、悪意ある批判のこととされてしまっていますが、もともとの「あげつらふ」はそうではありません。「あげつらふ」というのは、今風にいえば「面《つら》《顔のこと》をあげる」ことをいいます。上限関係の秩序のもとでは、下の者は上の者の前では平伏して、「面《おもて》をあげよ」と上の人から声をかけられるまでは、顔《面《つら》》をあげることは許されません。とりわけ高貴なお方の前では、「面をあげよ」と言われたら、一度目は「ははあ」と言ってさらに深く顔を伏し、もう一度「面をあげよ」と、つまり二度目に言われたときにはじめて、顔を上げることができるとされていたくらいです。それほどまでに上下の秩序は厳しいものとされていたのですが、それだけではダメだというのが、十七条憲法です。十七条憲法には、あくまで議論を大切にしなさいと書かれ、その議論を行う術が十七条にわたって書かれています。ただ和を大切にしなさいというのではないのです。

読んだら分かります。

十七条憲法　第一七条

「十七にいはく。

それ事は独《ひと》りで断《さだ》むべからず。

必ず衆《みな》とともによろしく論《あげつら》ふべし。

少事はこれ軽し。必ずしも衆とすべからず。

ただ大事を論《あげつら》ふに逮《およ》びては、

もし失《あやまち》あらむことを疑《うたが》へ。

故に、衆《みな》とともに相弁《あいわきま》ふるときは、

辞《ことば》すなわち理《ことはり》を得《え》ん」

（物事は独断で決めてはいけません。

必ずみんなとよく討論して決めなさい。

小さな事、自分の権限の範囲内のことなら、

ひとりで決めても構《かま》いませんが、
大事なこと、つまりより多くの人々に
影響を及ぼすことを決めるときには、
必ずどこかに間違いがあると疑《うたが》い、
かならずみんなとよく議論しなさい。
その議論の言葉から、
きっと正しい理《ことわり》が生まれます。)

この十七条が、ぐるっとまわって第一条につながります。
「一にいはく。
和を以って貴しとなし、
忤《さから》ふこと無《な》きを宗《むね》とせよ。
人みな党《たむら》あり、
また達《さと》れるもの少なし。
ここをもって、

君父《くんぷ》に順《したが》わず、
また隣里《りんり》に違《たが》ふ。
しかれども上和《かみやわ》ぎ
下睦《しもむつ》びて
事を論《あげつら》ふに諧《かな》ふとき、
すなわち事理おのずから通ず。
何事か成らざらん。」

下睦事柄をちゃんと議論して意見をまとめれば、事理が自然と通じて、何事も可能になるのだと書いているわけです。つまり十七条憲法は、「議論に始まり《第一条》、議論に終わっている《第十七条》」のです。ただやみくもに、仲良くしなさい（和をもって貴しと為す）と言っているのではないのです。

このように、戦後教育で教えられてきたことをただ鵜呑《うの》みにしていると、実はとんでもない誤解を植え込まれていた部分があるということに気付かされます。そしてその植え込まれた思考は、本来あるべき日本人の姿からは、実は程遠い、きわめて軟弱でひ弱な日本人像になっています。実はもともと日本人は、巷間《こうかん》思われているよりもずっとアクティブですし、ポジティブな人たちなのです。

決める時はみんなで決める。

やるときはみんなでやる。

明るく楽しく、「よろこびあふれる楽しい国」をみんなで協力しあって築いていく。

それは単にいま生きている自分たちだけのためのものではなくて、祖先から受け継いできたたいせつな命が、自分たちが努力することで、後世にもっと楽しく、もっと豊かで、もっと明るい未来を築いていこうとしてきた私たちの祖先の行動であり活動です。

そうした祖先の活躍のもとに、いまの私たちの命があります。その命を、「ただ仲良くしていさえすればよい」と、間違ったものをただ鵜呑みにさせられているのでは、たまったものではありません。そんなことでは、後世に歪んだ未来を伝えてしまうことになってしまいます。

ちなみに十七条憲法の精神は、五箇条の御誓文にもなっています。

「一　廣《ひろ》ク會議《かいぎ》ヲ興《おこ》シ萬機《ばんき》公論《こうろん》ニ決《けっ》スベシ」

すべての事柄は、おおやけの議論で決めましょう、というわけです。これが日本の精神です。ですから、右に述べた神功皇后《じんぐうこうごう》のご事績に学ぶときも、そこから設問をもうけてみんなで議論する。そうすることで子らは、議論の大切さやおもしろさ、そして古典に学ぶことを教わったのです。何が正しいということを言いたいのではありません。もっと明るく、もっと楽しく、もっと素晴らしい現在と未来を築くには、何が「必要」なのかを、もういちど原点に帰って考えてみようということを申し上げています。そこが一番大事なところです。

四　持統天皇による国家再建

1　持統天皇によって形成された日本

日本を日本らしくした最大の功績者が鸕野讃良天皇《うののさらのすめらみこと》、つまり持統天皇《じとうてんのう》（六四五〜七〇三年）です。持統天皇は、父が天智天皇《てんちてんのう》であり、公民《おほみたから》という概念をあらためて国内に広げた人です。そして夫の天武天皇《てんむてんのう》は壬申《じんしん》の乱によって日本国内をあらためてひとつにまとめるという偉業を成し遂げた人です。けれども、このお二方とも、手を血で染《そ》めてしまったわけです。

女性であり、かつ天武天皇のもとで政治上の実権を握られた鸕野讃良皇后は、二度と日本が内乱その他で血で血を洗うことがない国になることを希《ねが》われました。そして夫である天武天皇の詔《みことのり》によって、我が国初の史書として『日本書紀』の編纂《へんさん》を開始され、また日本の文化の創造としての『万葉集』の編纂を柿本人麻呂《かきのもとのひとまろ》を通じて開始されています。

この二つの書は、日本書紀の完成が元正天皇《げんしょうてんのう》の時代（七二〇年）、『万葉集』に掲載された最後の和歌が詠まれたのが孝謙天皇《こうけんてんのう》の時代となる七五九年（天平宝字三年）であり、成立はいずれも持統天皇《じとうてんのう》が崩御されたずっとあとのことです。またどちらも制作開始が、持統天皇の夫の天武天皇の御世《みよ》です。ですから表面上には持統天皇のお名前は出てきません。

けれども我が国では、天皇は直接政務に関わらないということが基本です。そして『日本書紀』も『万葉集』も、その出発点における政務の最高責任者が、天武天皇の皇后であられた持統天皇です。つまり日本書紀も万葉集も、どちらも持統天皇の問題意識から出発し、その問題意識に従って編纂が行われ、持統天皇の崩御後に、その意思を継ぐ人達によって編纂が続けられて世に出たといえます。そして『日本書紀』は、その完成の翌年から貴族の子女たちの教科書として用いられるようになり、『万葉集』は、和歌を日本文化の中心に置いています。和歌は、あらゆる日本文化の原点にあるとも言われています。つまり教育と文化による日本立国は、持統天皇という偉大な女性天皇によって形成されたと言って過言ではないのです。

おそらく父や夫の苦しみを見た持統天皇の最大の問題意識は、我が国が二度と内乱の起きることのない、また、血を見ることのない国を目指したということであったのであろうと言

われています。ではその意思をどのようにして現実化したら良いのか。ここで持統天皇が選ばれた道が、

㈠　我が国の歴史を通じて、我が国が国家として何が大切であるのかという国家としての価値観を明確にする。

㈡　和歌を通じて新たな日本文化を創造することで、思いやりと教養のある文化レベルの高い国にする。

という二つの選択です。

㈠は、別な言い方をするならば、日本人としてのアイデンティティを構築するということです。そしてそのために史書を編纂する。史書というのは歴史書のことです。歴史というのは、過去の事実を時系列に沿ってひとつの意思のもとにストーリー化したもののことを言います。岡田英弘、宮脇淳子説《このお二人のことはとても尊敬しています》によるならば、西洋史であれば、「混乱はあったけれどもひとりの英雄が登場して強大な敵をやっつけた」という英雄譚になりますし《ヘロドトスのヒストリアイ》、東洋史であれば「皇帝の専横が著しいために天命が別な姓の人に下り、新たな王朝が起こった」《司馬遷『史記』》というス

トーリーになります。そのストーリーが、史書編纂《ししょへんさん》の意思です。

『日本書紀』の意思は、我が国が稲作を中心として、天然の災害が多発する日本において、全国的なお米の流通によって、いかなる場合も人々が飢えて死ぬことがないようにしていくこと《これを八紘一宇《はっこういちう》といいます》、我が国にとって、稲作をする民衆こそが「おほみたから」であり、政治権力はその民衆が豊かに安全に安心して暮らすことができるようにしていくことこそが使命であるということを、歴代天皇のご事績と、その原因となる意思を神語《かむがたり》にまで求めて時系列に沿って記述したものです。

『日本書紀』は、元正天皇に提出された翌年（七二一年）から貴族の教科書となり、そしてその後全国の豪族やその部下、そして一般の民衆へと広がりました。現実に『日本書紀』は、我が国のアイデンティティの基礎を築く効果を及ぼしたのです。

このことは、同時に、ネイション・ステート（Nation State）としての日本の形成にも役立っています。我が国が希求する国家の形を明確にすることで、「その形を共有する人たちが集っているのが日本」という国家像を、なんと七～八世紀という、世界の国家の黎明期《れいめいき》に日本は築いたのです。

2　国家のネイション・ステートを作り上げた秦の始皇帝

国家の形成をひとつの理想のもとに形成するということは、形は違いますが、古代に先例があります。秦の始皇帝《しこうてい》です。

始皇帝は、五つの大国に分裂して内乱を繰り返していた中華の統一を実現しました。このとき始皇帝が国家の肝として全面的に打ち出したのが法治主義です。何もかもが皇帝や政治権力者の恣意で決まり、気にいる気に入らないがそのまま対立となり争いとなり、それが大きな戦乱となるという当時の中華にあって、始皇帝は、いまふうに言うなら、法のもとの平等を説いたわけです。この思想は、秦と対立する列国に広く受け入れられ、秦の始皇帝による中華統一が実現しました。法に基づく統治ですから、当然、文字も統一する必要があり、このときに始皇帝が漢字を採用したことが、その後の中華の漢字化を決定づけています。

始皇帝は、秦氏という民族によって周辺国を征圧し、支配するというエスニック《民族》

国家を目指したのではありません。民族や言語などの壁を越えて、法による平等というネイション《国家》を目指したのです。始皇帝が統一する前の中華の五国は、それぞれ民族も伝統もまるで異なる国々でしたが、いかなる民族であれ歴史があれ、すべての人は法のもとに平等であるということを秦の始皇帝は実現したわけです。こうした国家像のことをロー・ネイション《法治国家》と言います。

始皇帝は、その理想を実現するために、激しい武力を用いました。しかし結果からいうと、この取組は失敗に終わりました。武力による支配と法の強制から自由でありたいとねがう項《こう》羽《う》や劉《りゅう》邦《ほう》らによって、始皇帝亡き後の秦は、もろくも滅亡してしまうのです。そしてこの結果、現代に至っても中国は、法治は建前だけで、以後、ずっと人治主義による統治が行われています。

人治主義は常にトップに立つ者ひとりが、権力とカネ《つまり富》を独占します。現代中国において、中共の政治経済は、世界中であらゆる工作活動も展開して世界に甚大な影響を及ぼしていますが、それらの活動に関わる人達は、中共の政治的思想や理想に共鳴して工作をしているわけではありません。彼らは中共政府の指示にしたがって工作活動をすればお金を得ることができるから、工作を行っています。

3　帰化人が三分の一を占めた古代日本

七世紀の日本が築こうとしたのは、これらと異なる「ネイションステート」です。「国民国家」と訳されますが、それは日本民族というひとつの民族による国家の形成ではありません。当時、東亜の蓬莱山《ほうらいさん》と呼ばれた日本は、別名が「黄金の国」であり、たいへんに豊かな、世界中から人が集まる国際国家でした。ですから日本には青い目や金髪の人もいたし、肌の黒い人もいたし、もちろんチャイニーズやコリアンたちもたくさんいました。平安初期に書かれた『新撰姓氏録』は、そうした諸外国からやってきて日本に帰化した帰化人《きかじん》が、日本の人口の三分の一を占めていたと書いています。ちなみに海外から渡ってきただけの人を「渡《と》来人《らいじん》」、帰る国を、自分たちの祖先が生まれ育った国ではなく、日本に化《か》えて日本人になることを選択した人たちのことを「帰化人《きかじん》」と言います。

そうした帰化人が、畿内の豪族の三分の一を占めていたのです。このことのおよぼす意味の重大さは、昨今の日本が、人口のわずか二〜三パーセントが外国人になっただけで、日本社会が大きく揺《ゆ》らいで、日本人には考えもつかないような犯罪が横行している現状を考えれば、どれだけ大きな出来事かわかろうというものです。そしてこの時代、実際に雄略天皇《ゆうりゃくてんのう》による悪党刈りなども行われていたわけです。

4　日本書紀によって天照大神を中心とした理想国家を創ろうとした持統天皇

人口の三分の一が帰化人という社会にあって、日本がひとつの国家になるためには、何が必要でしょうか。答えは、「国家としての理想の共有」です。日本とはどのような国柄を持つ国なのか。どういうことを理想としているのか。それらを教条主義的に述べたり、力で強制したりするのではなく、日本の成り立ちを軸にした教育によって、日本という国家を形成しようとしたのです。それが持統天皇の最大の功績です。

持統天皇が皇位にあられたのは、わずか七年間のことでしかありません。けれど持統天皇が政治の中心におわされた期間は、皇位にあった期間を除いても三十年以上あります。そしてその四十年近い歳月の間に、持統天皇は日本の歴史を通じて、日本の形を明確に定められました。

それが、天照大御神を最高神と仰ぐ国であり、稲作を通じた相互扶助の国家像であり、疫病を克服する衛生的な環境づくりであり、悪や不正を許さぬ国家像であったわけです。そしてそのすべてが『日本書紀』の中に書かれています。

『日本書紀』は政治的に作られた書であり、『日本書紀』は古代の正確な歴史を反映していないという人がいます。なるほど、たとえば全国で偉大な神様として祀られている瀬織津姫《せおりつひめ》の記載はないし、他の文献史料としての各地の風土記《ふどき》や、最近研究が盛んになってきたホツマツタヱや竹内文書《たけうちもんじょ》、九神文書《くかみもんじょ》などの記述と、『日本書紀』が描《えが》き出す日本の歴史はかなり異なります。また海外の史書にある例えば二世紀の倭国大乱や卑弥呼《ひみこ》も、『日本書紀』にはまったく登場しません。

イタリアの哲学者のユリウス・エヴォラが、「誰がいかなる歴史を語ろうと、その時代に必要とされていた事柄を反映したものに過ぎない」と見事に喝破《かっぱ》しているように、それぞれの歴史書には、それぞれ書かれた時代の必要の反映があるものですし、その解釈もまた、それぞれの時代を反映しています。これが真実だと言ったところで、「おそらくそうであろう」ということが傍証できるだけで、誰もその時代を見に行くことは、タイムマシンでも開発されない限りできないことです。つまり、『日本書紀』には『日本書紀』の意思とニーズがあり、その他の文書にもそれぞれの事情や必要があるのです。では何のために我々が歴史を学ぶのかといえば、過去を学ぶことで、今を生きる、そして未来を開くための手がかりを得るためです。

その意味において、『日本書紀』は見事に史書としての役割を果たしたものといえます。稲作を中心として、災害対策という一点を通じて、日本国中の天下万民が、互いに助け合っていく、互いに支え合っていく、神々の前にかしずく素直な心を養う、そして末端にいる民衆こそが、国のたからであるとする。こうした哲学が、『日本書紀』という史書を通じて、我が国で教育され、我が国の文化として、以後の日本を形成していったのです。

同様に『万葉集』もまた、日本の文化の形成に大きな役割を果たしたといえます。なにしろ万葉集の中には、地方の一般庶民の若い女性でさえも、見事に漢字で和歌を読み書きしているのです。ちゃんとした教育を受けることができる地方豪族たちが、そうした現実を目の前に出されて、人の上に立つべき我が息子や娘が、アホではまずいと、これは嫌でも気付かされます。人を思いやること、民が豊かに安心して安全に暮らせること、そのために惜しみなく貢献を続けていくこと、そうしたことが人の上に立つ者には要求されるということが、嫌でもわかるし、また歌を通じて、人の心を察するということの重要性が、『万葉集』を通じて、地方の豪族から一般の庶民に至るまで広がっていくのです。そしてもし、我が子の詠んだ和歌が、中央の歌集に掲載されることにでもなれば、それは一族の誉《ほま》れともなっていくわけです。

日本を教育と文化によって再構築する。持統天皇によってはじめられたこのご事績は、まさに日本の文化そのものを創り出した偉業ということができようと思います。

こらむ　西洋における女性観、日本における女性観

インドの哲学者であり経済・歴史学者であるラビ・バトラ博士は、プラウドという理論のなかで、「資本家の時代は、戦士によって倒される」と予言しました。

ここでいう資本というのは、お金の力で裏から世の中を支配するという構図のことを言います。

また戦士というのは、軍隊のことではなくて、人生を戦う個人のことを言います。

テスラという自動車メーカーがあります。電気自動車を作っている会社です。

この会社は、２００３年にカリフォルニアで設立されたばかりの会社ですが、いまや株式の時価総額は、トヨタを超えているのだそうです。

この会社を率いているのがイーロン・リーヴ・マスクという南アフリカ共和国・プレトリア出身の実業家なのですが、もしかしたら自動車産業の業界地図が、これからガラリと塗り替えられるかもしれないと言われています。

男女を問わず、たったひとりの力が、世界を変える力を持つようになる。
それがこれからはじまる新しい時代と言えるかもしれません。

そうした人々の知的な力の源泉は、知識や能力のみではなく、神話に基づく価値観にによると言われています。

そして神話は、その国や民族等が持つ文化の根幹を形成します。

別な言い方をするなら、神話は思考する際の価値判断の基準を形成するものであるということができます。

たとえば西洋の場合、様々な民族が入り混じって互いに殺し合いを繰り広げた結果、それぞれの民族ごとに持っていたであろう神話が失われ、結局、ルネッサンス運動による「ギリシャ・ローマの時代に帰れ」という標語のもとで、西欧における神話は、結果としてギリシャ神話と、旧約聖書に依拠《いきょ》するものとなりました。

ギリシャ神話には、オリンポスの十二神の中に、ゼウスの妻のヘラ、娘のアテナ、愛と美と性の女神のアフロディーテ、狩猟と貞操の女神のアルテミス、穀物の女神のデメテル、炉の女神のヘスティアなどが登場しますが、それらはあくまで神々の中にのみ存在し、初期の人類には男性しかいなかったとされています。

では、人類初の女性は誰かと言うと、これが有名なパンドラです。

そう、パンドラの箱の、あのパンドラです。

もともとオリンポスの神々よりも以前には、ティーターンと呼ばれる巨人の神族が栄えていました。

ゼウスが人と神とを区別しようとして、人類から火を取り上げたとき、巨神のプロメテウスは、火のない人類を哀れに思い、人類に火を渡します。

ところが火を得た人類は、武器を作って互いに戦争をするようになるのです。

事態を重く見たゼウスは、プロメテウスを磔《はりつけ》にするのですが、不死身の身体を持つプロメテウスは死なず、三万年の後にヘラクレスによって助け出されます。

一方、プロメテウスの弟のエピメテウスも、兄の罪によってオリンポスを追放され、地上で人類の一員となって暮らすことになりました。

ゼウスは人類が火を用いるようになったこと、そしてエピメテウスという巨神が人類に仲間入りすることで、人類の力が強大になって神々に近づくことをおそれ、何でも作れる鍛冶屋の神のヘパイストスに命じて泥から女性のパンドラを造らせると、そのパンドラに命を吹き込むとともに、

「美しさ、歌と音楽、賢《かしこ》さと狡《ずる》さと好奇心」を与えました。

さらにアテナから機織や女のすべき仕事の能力、アプロディーテから男を苦悩させる魅力を、ヘルメスからは犬のように恥知らずで狡猾《こうかつ》な心を与えさせました。

そしてゼウスは、

「これは人間にとっての災《わざわ》いだ」

と述べると、パンドラに鍵のかかった箱を持たせて、

「この箱は決して開けてはいけない」と言って、彼女を人類のいる地上に送り込みました。

パンドラをひと目見たエピメテウスは、兄のプロメテウスから「ゼウスからの贈り物は決して受け取ってはならない」と言われていたにもかかわらず、一目惚れしてパンドラと結婚します。

二人は幸せに暮らすのですが、ある日、どうしても箱の中身が気になってしかたのないパンドラは、禁を破って、ついに箱を開けてしまいます。

するとその箱から、夜の女神ニクスの子供たちが飛び出します。

その子供たちというのが、「老い、病気、痛み、嘘、憎しみ、破滅」です。

そして次には争いの女神のエリスが高笑いとともに箱から飛び出していきます。

そして箱の中に最後に残ったものが、ギリシャ語で心を意味する「エルピス（ελπις）」であったとされます。

この「エルピス（ελπις）」が英語圏では「希望（hope）」と訳されていま

す。

ちなみにこの「エルピス（ελπιϛ）」、スペイン語では「エスペランサ(esperanza)」、フランス語では「エスポワール（espoir)」と訛《なま》ります。

要するにギリシャ神話は女性を

「美しくて歌や音楽が上手で賢《かしこ》いけれど、

狡《ずる》くて、好奇心旺盛であり、

男を苦悩させ、恥知らずで、機織《はたお》りをする者」

と規定しているわけです。

そして女性は、もともと人類を破滅させるために造られたものであり、世界は女性によって老いと病気、痛み、嘘、憎しみ、破滅、争いがもたらされたのだ、というのがギリシャ神話の立場であるわけです。

現代女性が見たら卒倒してしまいそうな話です。

だからウーマンリブとか、ジェンダーレスの運動が起こるのです。

このことは旧約聖書でも、イブの好奇心によって、アダムとイブがリンゴを食べて智慧《ちえ》を付け、神からそのことをとがめられたイブは、「蛇に騙《だま》されたのです」と、自分の罪を責任転嫁したために、神から「産みの苦しみと夫からの支配」という原罪を与えられたのだとしているわけです。要するに「嘘つきだ」と書かれているわけで、これまたずいぶんな話です。

英国文学で有名なハーベイの『テス』という小説があります。大好きな小説で、英国文学で最高の小説をひとつあげろと言われたら、迷わず『テス』をお勧めしているくらいですが、その主人公の女性のテスは、たいへんに魅力的な女性ですが、やはり何を考えているのかよくわからない存在として描写されています。

日本人の感覚からすると「？」マークがいっぱい付いてしまいそうな捉え方です

が、ギリシャ神話を読むと、それが西洋社会における女性の定義なのだとわかります。

西洋社会では、ジェンダーフリーとか、女性の人権云々といった議論が盛んですが、日本とは文化の成り立ちそのものが異なるということを、私達はしっかりと踏まえる必要があります。

では日本ではどうだったのでしょうか。

日本の最高神は天照大御神《あまてらすおほみかみ》であって女性神です。

そしてその最高神と直接会話を交わすことができるのは、やはり女性神である天宇受売神《あめのうずめ》です。

男性の神々は、天照大御神に何事かを奏上するときも、あるいは天照大御神からのご下命をいただくときも、常に女性神である天宇受売神を通してでなければならないとされています。

これは縄文以来の日本人の伝統的思考で、子を産むことができる、つまり命を産むことができる女性は、もっとも神に近い存在であるとされてきことに由来するといわれています。

ですからいまでも、たとえば神社で御神楽《おかぐら》を奉納するときに、神様に捧げる舞を踊るのは女性の巫女《みこ》さんに限られます。

男性が舞う御神楽は、聴衆に御神楽や神様を説明するための舞です。

つまり、

女性の御神楽舞は、神様に捧げる舞。

男性の御神楽舞は、聴衆に説明をするための舞、

であって、こうした伝統がいまでも固く守られているわけです。

さらに男女の始祖神といえばイザナギとイザナミですが、二神はともに手を携えて、一緒にオノゴロジマを築いています。

男女は、役割の違いこそあれ、対等な存在であり、さまざまな葛藤や誤解があっ

ても、力を合わせることで未来をひらくというのが、日本の神話の特徴です。

もともと日本にあった神話がどのようなものであったのか。

これについては古史古伝にあたるホツマツタヱや、竹内文書、九神文書などによるさまざまな説があります。

興味のある方は、それらをご参照になると良いでしょう。

いま、我々に伝わっている神話は、持統天皇が皇后時代から、天皇、上皇となられた間、日本をひとつの国にまとめるためにと編纂を行った『日本書紀』や『古事記』に基づく神話です。

たとえば古事記にある出雲神話が、正史である『日本書紀』にはまったく書かれていないことに象徴されるように、古代においては神話は、私達が知ることができる物語以上に、もっとずっとたくさんあったことでしょう。

もしかすると、地方に残る日本昔話などは、その残滓《ざんし》といるものなのかもしれません。

ただひとついえることは、我が国の神話や、その後の歴史をあらためて編纂した、その中心人物が、女性の天皇である持統天皇であったということです。

持統天皇の正式な諡《おくりな》は、「高天原廣野姫天皇《たかまのはらひろのひめのすめらみこと》」です。

歴代天皇で、高天原の天皇と記述された天皇は、持統天皇ただひとりです。

そして高天原の広い野にある最高の存在といえば、そのまま天照大御神を想起させます。

当時の人々は、持統天皇をして、天照大御神に匹敵する偉大な女性としたわけです。

そしてその持統天皇が、我が国の神話や歴史編纂事業を発案し、記述を監督し、完成までのレールを敷いたということは、普通に考えても、そこに女性差別はありえないことです。

実際、『日本書紀』に女性蔑視や女性差別の概念など微塵《みじん》もありません。

それどころか、男女は、違いはあるけれど、どこまでも対等というのが、我が国の神話や歴史における考え方です。
これは徹底しています。

第3章

日本文化の生長

一　聖武天皇と光明皇后

1　天智天皇と天武天皇の治世

持統天皇から話が多少前後しますが、大化の改新といえば六四五年で公地公民制が敷かれたと学校で習ったご記憶をお持ちの方も多いかと思います。中大兄皇子《なかのおおえのおうじ》《後の天智天皇《てんちてんのう》》による大化の改新は、天智天皇一代ですべてが終わったわけではなく、続く天武天皇《てんむてんのう》、持統天皇《じとうてんのう》、文武天皇《もんむてんのう》、元明天皇《げんめいてんおう》、元正天皇《げんしょうてんのう》まで、国をひとつにまとめるために、様々な施策が行われ続けています。

この時代、中国に唐《とう》という巨大な軍事国家が誕生しました。その唐が新羅《しらぎ》と結んで、倭国の属国だった百済《くだら》を滅ぼし、その百済復興のために救援軍を起こしたのが六六二年です。ところがその翌年には、白村江の戦いで大敗してしまう。そしてこれにより倭国は朝鮮半島における権益の一切を放棄して、国境をいまの三十八度線のあたりから朝鮮海峡にまで南下させています。ところが唐に人質にとられた倭人たちから、倭国に「唐が再び日本に攻めてくる準備を進めている」との情報がもたらされます。そうなれば、まさに本土決戦になってしまう。
　実際には唐は、その後、越《いまのベトナム》との戦いが長引いたために、倭国攻めは実現しませんでしたが、それはあくまで結果であって、当時の時代下における日本は、建国以来の最大の危機を迎えていたわけです。

　こうした背景に基づいて日本は、あらためて我が国の領土も民のすべては「天皇のおほみたから」という大改革に着手します。これは大事業です。それまでの倭国は、血族からなる豪族たちのゆるやかな集合体です。このことは、もともとの大昔では、村落集合体＝「くに」という概念であったということです。当時の人口を考えると、五～六百年もしたら、日本全国全員が血縁関係です。村落同士がゆるやかに結合して「くに」を形成し、その「くに」が、天皇を中心とした「国家」というさらに大きな集合体を形成していたわけです。ところがそこに、外国からの圧力がかかる。そこで日本国内にあった「くに」以外を「外《そと》の国」として区別するようになりました。いまでも海外の諸国のことを「外国」と呼ぶのは、ここからきています。

天智天皇《てんちてんのう》は、公地公民制を敷くことで、これをあらためて「国家」として統合されました。ところがこのことは、地方豪族にとっては、手元の私有民が天皇の民となることを意味します。それまで地方で勝手にやっていたお店が、いわば大手資本の傘下にはいったわけで、中には、納得できない豪族もいただであろうことは、容易に察することができることです。しかし外国による侵略を前に、どうあっても国をひとつにまとめていかなければならない。この事業は、第四十代天武天皇《てんむてんのう》に受け継がれます。

天武天皇は、皇親政治《こうしんせいじ》といって、政治の中枢を皇族で固め、法制度としての律令を定め、国史編纂《へんさん》事業を開始されました。これを受け継いだのが天武天皇の皇后であった持統天皇で、飛鳥浄御原令《あすかきよみはらりょう》を制定し、さらに巨大な都である藤原京を造営し、さらに我が国の国号を「日本」と改められました。

2　藤原不比等と長屋王の変

そして第四十三代元明天皇《げんめいてんのう》のときに、古事記が完成し、我が国最初の公式通貨である和同開珎《わどうかいほう》を鋳造《ちゅうぞう》し、第四十四代元正天皇《げんしょうてんのう》のときに、都を奈良に移し、また『日本書紀』が完成するわけです。ちなみに元正天皇は、歴代天皇の中で最高の美女といわれる天皇です。

この元正天皇が譲位されて次に皇位に就いたのが第四十五代の聖武天皇《しょうむてんのう》です。聖武天皇の母は、藤原不比等《ふじわらのふひと》の娘の宮子《みやこ》ですが、心的障害に陥《おちい》り、聖武天皇が三十七歳になるまで、我が子との対面もされなかったといわれています。その聖武天皇は、やはり藤原不比等の娘の光明子《こうみょうし》を皇后にされます。これは、皇族以外からの立后としては、初の出来事です。

すこし補足しますと、天皇の権威というのは、天照大御神からの直系の血筋であることにあります。ですからできるだけその血を濃いものに保つために、天皇の妻は、皇族の出身の女性（内親王）のみが皇后または妃《ひ》となることができるということが、持統天皇以来のしきたりでした。臣籍からの夫人は、夫人、嬪《ひん》と呼ばれ、天皇との間に子が生まれても、その子は天皇にはなれないというのがしきたりとなっていたわけです。藤原不比等は、そのしきたりを破って、臣籍である自分の娘の光明子を聖武天皇の后《きさき》にしようとしたわけです。

これに反対したのが長屋王《ながやのおほきみ》で、長屋王は、天武天皇の長男であり、我が国初の太政大臣となった高市皇子《たけちのみこ》の子です。高市皇子も、古くからの慣例をたいへんに尊重された方でしたから、子の長屋王も、そのしきたりを重視しました。つまり藤原不比等の意見に反対の立場を取っていたわけです。

ところが政治権力者であった藤原不比等は、長屋王の邸を囲み、長屋王を自害させています。これが長屋王の乱で、聖武天皇のご在位五年目の七二九年の出来事です。

3　聖武天皇と天変地異

この聖武天皇の時代が「天平《てんぴょう》」の時代です。天平年間というのは、名前こそ「天の平らかなる時代」ですが、実はとんでもなくたいへんな時代でした。聖武天皇が即位されたその年《七二四年》に奥州で反乱が起きたことを皮切りに、今度は各地で天変地異が相次いだのです。

このため聖武天皇は深く仏教に帰依《きえ》します。願いが叶うという仏教の教えのままに、翌年一月に厄災《やくさい》を取り除こうと六百人の僧侶を宮中に招き、般若経《はんにゃきょう》を読誦《どくじゅ》してもらい、さらに九月には、三千人を出家させて坊さんにしています。

ところが聖武天皇には、さらに御不幸が襲います。七二八年には聖武天皇の、たったひとりの皇太子が薨去《こうきょ》されてしまわれたのです。しかもその六日後には、宮中に隕石《いんせき》が落ちるという大凶事が起きました。

さらに七三二年には日本中が旱魃《かんばつ》に見舞われ、翌七三四年には関西地方を阪神淡路大震災級の大地震が襲います。これが「五畿七道地震《ごきしちどうじしん》」で、これはいまでいう南海トラフの大地震です。『続日本紀』によれば天下の民衆の家はことごとく倒壊し、多数の圧死者が出ただけでなく、山崩れや川の閉塞、地割れは数知れずとあります。地震の規模は、おそらくマグニチュード七と言われています。ちなみに五畿七道というのは、要するに日本全国を意味する言葉です。全国が一斉に揺れた、大地震であったわけです。

すこし余計なことを言うと、この地震のあと、朝廷は全国の神社に使いを送っています。これについて「神社の被害状況を調べるためであった」と解説しているものをよく見かけます。どうしたらそういう発想になるのかわかりません。当時の朝廷は神社のネットワークを使って、全国との交流をしていました。ですから五畿七道地震のときに朝廷が全国の神社に使いを出したというのは、「神社の被害状況を調べた」のではなくて、神社が民間の被災状況を完全に掌握していたから「神社を通じて全国の被害状況を調べた」ということを意味します。こうした緊急の災害時にあって、食べ物であるお米の支給と、被災地の復興を図ることは、これは朝廷にとっての使命なのです。

相次ぐ天変地異や不幸に、聖武天皇は天平六年《七三四年》には、ますます仏教への傾斜を強くし、一切経の書写を国家事業とすることを決められるとともに、天平八年《七三六年》には、遠くインドやベトナムからも高僧を招き入れ、仏教への傾斜をますます強くしていかれました。

ところが翌年には天然痘《てんねんとう》が大流行しました。この天然痘の大流行によって、藤原不比等の子である藤原四兄弟を始め、政府高官のほとんどが病死してしまいます。ちなみにその天然痘は、新羅から伝染してきたものです。

聖武天皇は、ますます仏教への信心を強くされ、天平十二年《七四〇年》に、奈良に大仏を建立する発願《ほつがん》を行われました《勅願は七四三年》。こうして出来たのが、これがいまも残る奈良の大仏です。

４　光明子と景教

一方、皇后の光明子《光明皇后《こうみょうこうごう》》は、中国から渡来《とらい》した景教《けいきょう》に深く帰依します。景教というのは、古代キリスト教の教派のネストリウス派のことで、実は西洋では異端とされて、追い出された教派です。そのネストリウス派の教えが、ペルシア人の司祭の「阿羅本《あらほん》」によって唐へと伝えられ、景教と呼ばれるようになりました。ちなみに「景教」という言葉の漢字の意味は「光の信仰」という意味です。

景教は、唐国内で「大秦寺」という名の寺を建て、我が国には秦氏《はたし》によって伝えられました。秦氏は光明皇后の保護を受けて、日本各地に大避神社と号する神社を建立します。「大避」は、いまでは「だいひ」と呼びますが、もともとはこう書いて「ダビデ」と読んだのだそうです。今風に言うならば、キリスト教ネストリウス派のダビデ教会であったわけです。

光明皇后は、この大避教の教えを受けて、施薬院《せやくいん》という無料の医療所を設けられています。ここに収容した疱瘡《ほうそう》患者の皮膚から流れる膿《うみ》を、光明皇后が直接御手で拭《ぬぐ》われたというのは有名な逸話です。

要するに天皇は篤《あつ》く仏教を敬い、皇后はキリスト教徒になっていたわけです。そうして国家鎮護を願われるのですが、ところが不思議な事に次々と国難が襲ってくる。相次ぐ凶作に、東国は深刻な飢饉となります。そこで聖武天皇が行われたのが、東国《とうごく》への行幸《ぎょうこう》です。凶作にあえぐ東国の人々を、少しでも励《はげ》まそうとされたのです。そして都に帰朝すると、奈良の都に帰らずに、近くに恭仁京《くにのみや》を建てて、そこに遷都《せんと》されます。

恭仁京で、聖武天皇は、次の天皇になる皇太子として、光明皇后との間にできた女児《阿倍内親王《あべのないしんのう》《後の孝謙天皇《こうけんてんのう》》を指名し、また墾田永年私財法《こんでんえいねんしざいほう》を定めて土地の私有を認める制度変革も実施しています。この法によって新田を開墾して私有田としたお百姓さんたちが、後の武士となっていきます。

5　行基によって建立できた大仏

なかでも特筆すべきは聖武天皇による行基《ぎょうき》との和解です。それまで仏教は国営仏教であって、民間の仏教信仰は禁じられていたのです。これには理由があって、我が国は古来、天然の災害を前に、全国でお米を備蓄し、その備蓄米を地域を越えて融通し合うことをもって国家としています。そのお米の保管場所は、大切なお米ですから、神様に守っていただくのが一番良いということで、神社にお米が保管されました。神社はそのお米を用いて種籾《たねもみ》から苗《なえ》をつくり、その苗を農家に配布して田植えが行われています。また中央朝廷の意向は、全国の神社のネットワークを通じて全国に示達《じたつ》されていたし、全国の事情も神社のネットワークを通じて中央朝廷にもたらされていました。つまり中央と民間、民間とお米などの関係は、それまでずっと神社を通じて形成されてきていたわけです。ところが仏教が民間に普及してしまうと、こうした我が国の古来の習慣が、崩れてしまう危険がある……ということで、仏教はあくまで国家鎮護のためにのみ信仰を許可するというのが、我が国のそれまでの流れであったわけです。

ところが行基は、その禁をやぶって、民衆に仏教を広めました。なにせ天子様が信仰していらっしゃる教えです。しかも神道なら「願いが叶《かな》う叶わないは、あなた自信の精進努力による」としかいわないのに、仏教は「信仰すればあなたの願いはすべて叶う」というのです。民衆が飛びつかないわけがありません。

おかげで仏教を民衆に説いた行基は、民衆のヒーローとなりました。けれど行基はご禁制を破っているのです。朝廷からすれば「お尋ね者」です。ところが奈良に大仏をつくるのに、どうしても銅や金が足りない。そこは民間から寄進《きしん》を募《つの》るしかない……というわけで、お尋ね者の行基を、聖武天皇は正式に「日本初の大僧正」として起用し、奈良の大仏建立の実質的な責任者を命じ、全国の民間からの寄進を集めさせたのです。この結果、なんと三七万二〇七五人から、莫大な寄進が集まりました。当時の日本の総人口は六百万人です。このうち貴族は千人です。三十七万人というのが、いかにすごいことかわかります。

ここで仏教そのものについて批判や議論をする気はまったくありません。たいせつなことは、そういうことではなくて、天平時代に仏教が国営化されていたこと、そして相次ぐ不幸が日本を襲ったことから、その鎮撫《ちんぶ》のために、壮大な仏教建築や大仏建立、そして絵画や彫刻など、様々な分野で、仏教を基礎にした芸術、文化が花開いたのが、天平文化の時代であったということです。

6　大化の改新は聖武天皇の御代まで百年間続いた

わたしたちは、大化の改新といえば西暦六四五年と学校で習いますが、これはあくまでもはじまりであって、その年に、大化の改新のすべてが完了したわけではありません。聖武天皇の御在位は七四九年、大化の改新がはじまってから百年後です。その百年後の時代においても、なお改革は続行中であったのです。

少し脱線しますが、明治維新も、そのはじまりが嘉永六年《一八五四年》のペリー来航にあることは、大方の学者さんたちの一致するところです。けれどもその終期がいつなのかは、戊辰戦争完結説、大日本帝国憲法発布をその終期とする説、不平等条約改正ができた明治四十四年（一九一一年）説など、諸説あって定まっていません。個人的には「明治維新はいまなお現在進行形である」という意見です。なぜかというと、明治維新というのは、幕府が締結した不平等条約の解消を目的とした大改革であったからで、日本が外国の治外法権などの特権を排し、完全な主権国家として欧米諸国と対等となったのは、昭和十七年（一九四二年）から終戦の年までのたった三年間しかありません。戦争が終わると、日本は米国を主とする連合国によって占領され、主権を奪われ、サンフランシスコ講和のあとも、いまだに日本は、日本国憲法という占領統治憲法を抱いたままになっています。その占領憲法は、我が国が主権国家として領土主権を有することさえ明記されていません。国家の非常時における「非常大権」もありません。しかも国連において日本は、国連に敵対する「敵国」と明記されています。そしてその日本は、隣国がありもしない慰安婦問題で騒ぎ立てても、その根拠となる河野談話を見直すというきわめてまっとうな事業さえも、連合国の長である米国からダメ出しされるという情況です。つまり、戦後の日本は、主権国家とはとうてい言えない、諸外国と不平等な関係におかれているのですから、明治維新の理想である諸外国との不平等な関係の解消は、いまだ解消されていない。今も昔も、改革というのは、それほどまでに激しく長い道のりであるということです。このことは、日本の建国に際しても、瓊々杵尊《ににぎのみこと》の天孫降臨から、神武天皇による建国、崇神天皇による肇国《ちょうこく》まで、たいへんな歳月を要したことを考えれば、改革というものがどれだけ長い歳月を要するものなのか、容易にご理解いただけるのではないかと思います。

二　和気清麻呂と平安遷都

1　文官の最高位である和気清麻呂

皇居の周囲に、二人の人物の銅像が建てられています。文官からひとり、武官からひとりです。武官は楠《くすのき》正成《まさしげ》、文官が和気清麻呂《わけのきよまろ》です。和気清麻呂は戦後、歴史からまったく消されてしまった人物ですが、戦前戦中の日本人なら学歴居住地にかかわりなく誰でも知っていた人物です。

和気清麻呂を簡単にまとめると、「道鏡《どうきょう》が天皇の地位を狙ったときに、これに抗して天朝を守り、そのため別部穢麻呂《わけべのきたなまろ》というひどい名前に改名させられた挙句、大隅国《現在の鹿児島県》に流罪となり、後に赦《ゆる》されてからは、広大な土木工事を行って民の暮らしの安寧《あんねい》を図り、いまの京都である平安京への遷都《せんと》を進言《しんげん》して、その造営を図った、我が国の歴史上の人物」となります。

幕末、ペリーが来航する二年前、明治天皇の父にあたる孝明天皇《こうめいてんのう》は、和気清麻呂に神階《しんかい》正一位と「護王大明神」の神号を贈られています。これは我が国の文官としてなしうる最高の栄誉です。

ところが、シビリアンコントロールが大事だとか、武官による政治はよくないなどと主張する左翼や、戦後の教育界は、なぜかその文官最高の栄誉を持つ和気清麻呂に触《ふ》れません。戦前にはお札の肖像画にさえなっていた人なのに、テレビや児童向け図書でも、和気清麻呂を描いた本は、ほとんどまったく見当たりません。Ａｍａｚｏｎで調べてみても、和気清麻呂について書いた本は、西暦二千年以降では、久井勲氏の一冊があるだけです。

その和気清麻呂は、備前国《びぜんのくに》の藤野郡《現在の岡山県和気町》の生まれです。和気家は、第十一代垂仁天皇《すいにんてんのう》《御在位紀元前一世紀頃》の第五皇子である、鐸石別命《ぬてしわけのみこと》を祖先に持ちます。垂仁天皇は、河内の高石池や茅渟《ちぬ》池など、諸国に多くの池溝を開いて、農業を盛んにした天皇で、日本における殉死《じゅんし》を禁じたのも垂仁天皇、和菓子の開祖とされる田道間守《たぢまもり》に命じて、常世国に妙薬の非時香菓《ときじくのかぐのこのみ》を求めに行かせたのも、垂仁天皇です。

田道間守は、十年かかって（おそらく）インドから菓子を持ち帰るのですが、そのときには垂仁天皇はすでに崩御《ほうぎょ》されていて、そのことを嘆き悲しんだ田道間守は、御陵《みささぎ》で断食《だんじき》をして亡くなったといわれています。つまりそれほどまでに垂仁天皇は慕われた天皇であったということです。

実は、このとき田道間守が持ち帰った不老不死の霊薬が「橘《たちばな》」で、これが改良に改良を加えられて、現在の「みかん」となりました。ですから「みかん」は日本の代表的な果物で、欧米でも「みかん」は「Ｍｉｋａｎ」と、日本語の名前がそのまま使われています。

さて、垂仁天皇の第五皇子の鐸石別命の曽孫が弟彦王《おとひこのおう》で、この王は神功皇后《じんぐうこうごう》の朝鮮征伐に出征《しゅっせい》されています。ちなみにまたまた脱線ですが、ここに「王」という記述があります。王は皇の下に位置する概念であることがご理解いただけようかと思います。

この遠征のあと、都に帰ろうとする神功皇后を、忍熊王《おしくまのおう》が襲撃します。これを撃退したのが弟彦王《おとひこのおう》で、この勲功《くんこう》によって弟彦王は、備前《びぜん》・美作《みまさか》に封じられ、代々この地で郡司として栄えることになります。その弟彦王の末裔《まつえい》が、和気清麻呂になるわけです。

和気清麻呂は天平五年《七三三年》の生まれですが、三歳上に姉の和気広虫《わけのひろむし》がいました。

姉は成人すると、奈良の都にのぼって宮中の女官の采女《うねめ》になりました。弟の清麻呂は、姉を追いかけるように都にのぼり、舎人《とねり》となりました。舎人は「刀禰人《とねり》」とも書きますが、これは宮中の警固を行う武官のことです。「刀禰人《とねり》」の「り」は「人」ですが、これは「一人」と書いて「ひとり」と読むのと同じです。「官吏《かんり》」の「吏《り》」も、同じです。

刀禰《とね》というのは、漢字の意味からすると「禰刀《うつくしいかたな》」で、もともとは公務を預かる高級役人のことを意味しました。その刀禰たちは、日常的に腰に刀を佩《は》きましたから「とねり」と呼ばれたわけです。この舎人《とねり》の俗称が「やっこ」で、漢字で書くと「奴《やっこ》」です。一方、女性の采女《うねめ》の俗称が「かかあ」で、漢字で書くと「婢《かかあ》」です。両者を合わせると「奴婢《ぬひ》」となります。つまり我が国の古語における奴婢《ぬひ》は、いまでいうなら官舎住まいの上級国家公務員のことで、他国における奴隷とはまったく異なる存在であることには注意が必要です。

さて、和気家の姉弟は、そろって都にのぼって天皇のお側《そば》にお仕《つか》えすることになりました。これはとても名誉なことでした。二人の姉弟は、都で一緒に下宿暮らしをし、互いによくたすけあう、仲の良い姉弟でした。

そして姉の広虫姫は、十五歳（いまの十六歳）で、中宮に勤める葛木戸主《かつらぎのへぬし》と結婚しました。夫の葛木戸主は、たいへんに心優しい人柄で、当時、戦乱や飢饉《ききん》によって親を亡くした子供がたくさんいたことを悲しみ、子供達を養育して、成人すると彼らに葛木《かつらぎ》の姓を名乗らせたりしています。広虫は、そんな夫をよくたすけ、明るく子供達の面倒をみる妻でした。実はこの養育が、現代に続く我が国の「里親制度《さとおやせいど》」の始まりで、西暦でいえば七四〇年のことです。

同時代、西洋では孤児たちの引き取り手は病院、教会か、あとは奴隷商人でした。ずっとあとの時代の十三世紀のブレシアでは、「異教徒、売春婦、孤児は町およびその周辺に存在してはならない。かくまった者には罰金を課す」という法律が施行されています。つまり社会から排除するという仕組みしかなかったわけですが、これに対し日本では、八世紀には里親制度がスタートしているわけです。

さて、そんな優しい夫だったのですが、その夫が亡くなってしまいます。その悲しみから広虫は、出家して尼になり、法名を「法均《ほうきん》」と名乗りました。すると出家前の功績から、朝廷は広虫に「進守大夫尼位」を授けてくれました。

二年後の天平宝字八年《七六四年》、太政大臣を務めていた藤原仲麻呂《ふじわらのなかまろ》が乱をおこしました。別名を「恵美押勝《えみおしかつ》の乱」と言います。この乱は、簡単に言うと、大手新興宗教団体の教祖が政権を壟断《ろうだん》して天皇の地位までも簒奪《さんだつ》しようとしているという情況に、時の総理大臣が私兵を率いてこれを倒そうとして、逆に国軍を抑えていた教祖側によって鎮圧されてしまった、という事件です。

乱を起こした総理、つまり藤原仲麻呂は首を刎《は》ねられ、さらにその仲間となった貴族たち三七五人が連座で逮捕されました。このとき逮捕された人たちを全員死罪にすべきという意見が、その道鏡《どうきょう》の側から強くでたのですが、尼となっていた広虫が称徳天皇《しょうとくてんのう》に助命減刑を願い出て、死罪はなしとされています。この乱によって親を亡くした子どもたち八十三人を広虫姫は養育して、彼らに夫の葛木の姓を与えています。

2 道鏡の野望を拒んだ和気清麻呂

さて、その五年後の神護景雲三年《七六九年》、得意絶頂にあった道鏡がついに事件をおこしました。なんと、ついに皇位を望むに至ったのです。もともと道鏡は、河内国弓削《ゆげ》郷（大阪府八尾市）出身の僧侶です。女性である孝謙上皇《こうけんじょうこう》の看病に成功したことで寵愛《ちょうあい》され、太政大臣禅師、ついで法王の位を授けられていました。

宿敵である藤原仲麻呂は、すでに殺害しています。もはや、道鏡の権勢欲を邪魔する者はいないという情況でした。そこで道鏡はこの年の五月、天皇のもとに「宇佐八幡の神託」と称して、

「道鏡に天皇の位を与えれば天下は太平になる」

と言い出したのです。

かりにも宇佐八幡の神託だというのです。けれどその内容は、臣下の身である道鏡が、「天照大御神からの霊統を持たないのに皇位を継ぐ」という、前代未聞の珍事です。称徳天皇は事の重大さに思い悩みます。

神託には神託で対抗するしかありません。そこで称徳天皇は、夢枕に八幡大菩薩の使いが立たれたとして、その使いが真の神託を伝えるので、法均《広虫姫》を遣《つか》わすよう告《つ》げたとして、法均（広虫）に使いを命じられました。

ところが命じられた側の法均（広虫）は、このとき病に臥《ふ》せっていて、長旅に耐《た》えられません。そこで弟の和気清麻呂に、その勅使の代行をさせるようにと願い出ました。これは神

話の時代から続く日本の伝統で、命令を受けた者が別な誰かを推薦してその者を命令の遂行《すいこう》者《しゃ》にするということは、その遂行者が行った結果に、直接命令を受けた者が連帯して全責任を負うということを意味します。ですからこの場合、勅命《ちょくめい》を受けた広虫《ひろむし》と、勅命を実行する和気清麻呂《わけのきよまろ》は、ともに勅命の連帯債務者となります。

このとき和気清麻呂は三十七歳で、近衛将監《このえのしょうげん》として美濃大掾《だいじょう》を勤めていました。話を聞いた道鏡は、和気清麻呂を呼び、

「ワシが天皇になれば、汝《われ》に大臣の位を授けよう」と誘惑しています。もちろんこれは、逆に「ワシに逆らえばお前たち姉弟の命はないものと思え」という脅迫でもあります。

清麻呂は、姉の広虫姫と、国の行く末について話し合いました。そして姉の助言を、心中深く受け止めました。

いよいよ神護景雲三年《七六九年》六月末、宇佐八幡の神託の真偽をたしかめるため、和気清麻呂は勅使として都を旅立ちました。

出発に先立ち、称徳天皇はひそかに清麻呂に一首の歌を贈りました。

西の海　たつ白波《しらなみ》の　上《うえ》にして
なにすごすらん　かりのこの世を

「西の海」という初句は、西方浄土を想起させます。つまりこれは仏教界の海、つまり大御所である道鏡のことです。

「たつ白波」は、その道鏡が立てた波風（白波）です。

「上にして」は、道鏡を天皇に就任させるということです。

「かりのこの世を」は、現世を、

「なにすごすらん」は、どうしてすごせましょうか、です。

つまり称徳天皇は、「どうして臣下であり万世一系の血筋のない道鏡を天皇にしなければならないのか。それをしてしまったら中国の易姓革命《えきせいかくめい》と同じで、日本もまた政権をめぐって血で血を洗う国になってしまう。だから道鏡の要求は絶対に認められない」というメッセージです。

ちなみに、なぜ称徳天皇は道鏡に対して、あるいは時の貴族たちに対してはっきりと言われないのか、という疑問を持つ人もいるかもしれません。そこが、実は日本の統治のいちばんたいせつな肝《きも》の部分です。

天皇は政治権力を持たない、行使しないというのが、日本のカタチです。天皇が直接政治に介入し、政治権力を揮うようになれば、それは中国や朝鮮の王朝と同じで、最高権力者が民衆を私的に支配する国になってしまいます。権力者のもとに、民衆が私的に支配されるなら、民衆は人でなく「私物」というモノになってしまうのです。

3　天皇に寵愛され権力を恣にふるう道鏡

ですから日本の天皇は、古来、政治権力を持ちません。政治権力者よりも上位にある最高権威となり、その最高権威が民衆を「おおみたから」としているのです。ということは、政治権力者は、国家の最高権威の「おおみから」のために働く存在となります。民衆が、国家における最高のたからであり、政治権力は、その「おおみたから」の幸せのために働く存在となるのです。これが日本的「シラス（知らす、Shirasu）」統治の根幹です。

ところが道鏡は、孝謙天皇に寵愛《ちょうあい》されたのを良いことに、政治権力を手にいれるや、その国家の最高権威までをも簒奪《さんだつ》しようとしたわけです。これはつまり、権威と権力が日本において一体化することを意味します。するとその社会は「皇臣民」が鼎立《ていりつ》する社会ではなくて、支配者を頂点とするピラミッド型の社会となります。それはつまり上下関係だけしかない社会です。そして上下関係だけしかない社会では、上に立つ者からみたとき、その下にいる者は、全員が人の形をした所有物となります。所有物ということは、モノですから、殺そうが奪おうが、意のままです。

上に立つということを、そのような形でしか解しない人や組織や国家は、二十一世紀となったいまでも世界中にあります。いまの日本にも蔓延《まんえん》しています。そして多くの人々の自由や富を奪い、収奪しています。下の者に対しては、残虐な暴力が平気でまかり通る国もあります。けれど日本は、神話の時代にこの問題を根本的に解決しているのです。

それがわかるから、称徳天皇は、道鏡の神託をしりぞけたいのです。けれど、ここがまた大事なところですが、称徳天皇が直接そのような指示を出したら、それは天皇が政治に介入することになります。つまり天皇が政治権力者になってしまいます。そうなると、道鏡よりも前に、道鏡が行おうとしていることを天皇自らが行ってしまうことになるのです。これはできないことです。

本来なら、道鏡のような不心得者は、政治権力者である高官に退《しりぞ》けてもらわなければならないのです。ところがその政治権力者の高官が道鏡です。そしてそれ以下の者は、道鏡の権力と財力におもねり、道鏡のいいなりです。すでに道鏡の富と権力と財力に取り込まれているのです。

4　道鏡によって買収されていた宇佐八幡宮の神託をひっくり返す

称徳天皇は、こうした情況の中で、その大御心を和歌に託されておいでになります。

上の歌は、いっけんすると、これから大分県にある、つまり奈良の都からみて、西の方角にあって、海を渡った先にある宇佐神宮に向かおうとする和気清麻呂の無事な航海を願っただけの歌にも見えます。

けれど、和歌は、相手の気持ちを「察《さつ》する」文化です。詠《よ》み手の心を、読《よ》み手が察する。その察する技術を磨くのが和歌の世界です。そう思って歌を読めば、称徳天皇の大御心《おほみごころ》が、決して道鏡の言いなりになることを望まれていないということがわかります。

宇佐八幡宮は大分県宇佐市に鎮座する武神です。宇佐八幡社に到着した和気清麻呂は、身を清め心を鎮めて八幡大神に宝物を奉り、宣命の文を読もうとしました。すると禰宜《ねぎ》の辛嶋勝与曽女《からしまのすぐりよそめ》が、

「すでに道鏡を皇位に即《つ》けよという神託が下されているのだから、あらためて宣命を奉《たてまつ》る必要はない」と、これを拒《こば》みました。

和気清麻呂は不審を抱きました。そして改めて与曽女《よそめ》に言いました。

「これは国家の大事です。そして私は勅使です。その勅使の前に、託宣《せんたく》があったとは信じ難い。その神託というのを、私の前に示してください。」

与曽女は、こたえられません。そこで和気清麻呂は、あらためて八幡大神に宣命《せんめい》文を奏《そう》上《じょう》し、大神の神託を受けていいます。

このあたり、すごい迫力を感じます。おそらく和気清麻呂の到着前に、道鏡によって買収圧力がかかっていたのでしょう。だから禰宜の与曽女は、和気清麻呂を拒《こば》んだのです。このように、すでに、あらかじめできあがっていたシナリオをひっくり返すというのは、並み大抵のことではできません。相当の覚悟と迫力がなければできないことです。このあたりの和気清麻呂には、武人にも劣らない気迫を感じます。

伝承によれば、重ねて神託を申し出た和気清麻呂の前に、身の長三丈《さんじょう》《九メートル》にもなる満月の如く輝く神々しい八幡大神が姿を表わし、厳《おごそ》かに真の御神託が降《お》ろされた、とあります。そしてその神託は、

「わが国家は開闢《かいびゃく》より君臣定《くんしんさだ》まれり。

臣をもって君となすこと、未《いま》だこれあらざるなり。

天《あま》つ日嗣《ひつぎ》は必ず皇緒《こうしょ》を立てよ。

無道《むどう》の人は、よろしく早く掃《はら》い除《のぞ》くべし」というものでした。ここで描写されている「身の長三丈（九メートル）で、満月の如く輝く神々しい八幡大神」というのは、八幡大菩薩が

そのお姿をあらわしたというよりも、このときの和気清麻呂の迫力が、まさに「身の長三丈」の神々しさを湛《たた》えたものであったのかもしれません。

こうして、八幡大神の神託は、「道鏡の皇位を認めない」と下されました。和気清麻呂は、いそぎ都へ帰り、すぐに参内《さんだい》すると、群臣が見守るなか、神託の通りの報告をし、重ねて、「道鏡を掃《はら》い除《のぞ》くべし」と奏上しました。

5　工作に失敗した道鏡は激怒して清麻呂を穢麻呂と改名して流罪とした

その席に道鏡もいました。道鏡にしてみれば、事前に宇佐神宮にも、ちゃんと手を打っていたのです。報告は道鏡をして「皇位に就《つ》けよ」というものであるはずでした。ところが、和気清麻呂の報告は、その反対だったのです。

このとき道鏡は、

「憤怒《ふんぬ》の形相《ぎょうそう》で烈火《れっか》のごとく怒った」と記録は伝えています。和気清麻呂のひとことで、道鏡の全ての野望はおしゃかになったのです。

皇位に就けなかったとしても、道鏡は、この時点で政治上の最高権力者です。激怒した道鏡は、和気清麻呂呼び、名を「別部穢麻呂《わけべのきたなまろ》」と改名するよう命じます。さらにこれだけでは飽《あ》きたらず、和気清麻呂を大隈国《おおすみのくに》（鹿児島県牧園町）へ流刑にしてしまいました。姉の法均（広虫）についても、強制的に還俗《げんぞく》させたうえ、名を「別部狭虫《わけべのさむし》」と改めさせ、備後国《広島県三原市》に流罪にして追放してしまいました。

ちなみに、このときに和気清麻呂を大隅国に流刑にしたところにも、道鏡の底知れぬ悪意と底意地の悪さを感じます。というのは、大隅国は、神武天皇の御生誕の地です。そこには神武天皇のご両親の陵墓があります。つまり大隅は、この時代における「聖地」なのです。「聖地」ですから大隅には国司もいません。太古の昔のままに大切にされていた土地でした。その大隅へ清麻呂を飛ばしたということは、「お前が神武天皇にはじまる万世一系の天皇をどこまでも奉じるというのなら、初代天皇の聖地で死ぬまで過ごしておれ！」というメッセージです。いいかえればこの流罪事案ひとつをとってしても、道鏡が我が国における天皇の存在の理由とありがたさを、頭から否定し、自分が「皇帝」になろうとしていたということがわかります。

それだけではありません。大隈国に流罪となった和気清麻呂は、旅の途中で道鏡の放った刺客に襲撃を受けています。ところがこのとき不思議なことが起こりました。激しい雷雨となって、さらにどこからともなく勅使が現れて、わずかに死を免れたのです。まさに九死に一生を得る旅でした。

しかし罪人として輿《こし》に入れられて、何日もかけて護送されたのです。大隅（鹿児島県）に到着する前に、通り道となる大分の宇佐八幡に、お礼のためにと和気清麻呂は参拝しようとしたのですが、すでに脚が萎《な》えて歩くことができない。ようやく宇佐の近くまで来たとき、なんと山から突然三百頭の猪《いのしし》が現われて、清麻呂の乗った輿《こし》の前後を守りながら、八幡宮まで十里の道を案内してくれたとあります。

そしていよいよ参詣の当日、不思議なことに、和気清麻呂の萎えていたはずの足は、なんと元通りに治っていたのだそうです。

この故事から、猪は清麻呂の守り神とされ、いまでも和気清麻呂のゆかりの神社には、狛《こま》犬《いぬ》の代わりに「狛《こま》いのしし」が安置されています。

備後国に流された姉の広虫はどうなったのでしょうか。彼女は、備後で、きわめて貧しい暮らしをさせられていました。そして弟のことや、都に残してきた養育している子供たちのことを思い、淋しくつらい日々を過ごしていました。ところがそんなある日、都から干し柿が届くのです。広虫姫が育てていた子供たちが、義母の身の上を心配し、激励の手紙を添えて、食べ物を送ってくれたのです。

6　光仁天皇によって道鏡は罷免され清麻呂は都に帰朝する

さて神護景雲四年《七七〇年》八月、称徳天皇《しょうとくてんのう》が五十三歳で崩御され、第四十九代光仁《こうにん》天皇《てんのう》が御即位されました。即位した光仁天皇は、道鏡を罷免《ひめん》し、下野国《しもつけのくに》（栃木県）の薬師寺別当に左遷《させん》しました。

古来、天皇は政治には関与しません。そして天皇がいったん親任した政治権力者は、親任した天皇によって罷免されることも《それは政治権力の行使にあたるから》ありません。けれど天皇が崩御し、次の天皇が御即位されたときには、御即位された新たな天皇がその人物を親任するかどうかは、その天皇の御聖断によります。こうして光仁天皇は、道鏡をついに罷免したのです。

そして新たに起こった太政官は、大隅の備後に飛ばされていた和気清麻呂と、姉の広虫姫の流罪を解き、ふたりを都に帰朝させました。そしてもとの姓名に戻させ、二人の名誉を回復したのです。

光仁天皇の後を継いだのが、第五十代桓武天皇《かんむてんのう》です。桓武天皇は、道鏡のように、信仰を利用して己の私欲を満たそうとする者の政治への関与を防ぐために、あらためて、風水を立てて、都を葛野《くずの》方面に移設することを計画しました。それが平安京遷都です。そしてこの遷都計画を提案したのが、和気清麻呂です。

和気清麻呂は、桓武天皇のもとで、平安京の造営大夫となり、新都造営に手腕を振るいました。そしてついに延暦十三年《七九四年》、京の都が完成し、この年の十月に遷都が行われました。

都づくりに手腕を発揮した和気清麻呂は、続けて河内と摂津の国境に水利を通じたのをはじめ、京阪神一体の治山治水事業を推進し、民の生活の安定をはかりました。

そして平安遷都の五年後の七九九年、六十七歳で永眠しています。

『日本後記』は、和気清麻呂について、

「人と為《な》り高直《こうちょく》にして、匪躬《ひきゅう》の節有《せつあ》り。故郷を顧念《こねん》して窮民《きゅうみん》を憐《あは》れみ忘《わす》るることあたわず」と絶賛しています。

また同書は、広虫についても、

「人となり貞順《ていじゅん》にして節操《せっそう》に欠《か》くること無《な》し。未《いま》だ嘗《かつ》て法均《ほうきん》の他の過《あやま》ちを語《かた》るを聞《き》かず」と、慈悲深くて人の悪口を決して言わない高潔な人柄を讃えています。

こうして、和気清麻呂の活躍によって皇統は護《まも》られました。嘉永四年《一八五一年》、孝《こう》明天皇《めいてんのう》は和気清麻呂の功績を讃えて神階正一位と「護王大明神」の神号を贈られ、また明治天皇は、明治三十一年《一八九八年》に、薨後《こうご》千百年を記念して、贈正三位から位階を進めて、贈正一位を和気清麻呂に与えました。

和気清麻呂は、戦前は十円紙幣に肖像画が印刷され、さらに皇居近くの大手濠緑地に、和気清麻呂の銅像が建てられています。

わたしたちの国の根幹である民を守る、公と私のけじめつけるというシラス国を、個人の欲得によって奪《うば》おうとする人は、さまざまな時代に登場します。そしてこうした者たちは、巨大な権力と財力を持っていますから、権力や金力に群《むら》がる亡者《もうじゃ》たちを利用して、さらに一層、自らの権威権勢を高めようとします。このような者たちが跋扈《ばっこ》する時代には、必ず、藤《ふじ》原仲麻呂《わらのなかまろ》のように、反乱者として処罰されたり、あるいは連座した三七五人のように、つらい仕打ちを受けています。和気清麻呂も、別部穢麻呂《わけべのきたなまろ》というひどい名前を与えられ、暗殺までされそうになり、すでに高齢となっていた姉までも流罪にさせられるというひどい仕打ちを受けました。同様のことは、幕末においても、吉田松陰《よしだしょういん》、橋本左内《はしもとさない》、河井継之助《かわいつぎのすけ》、頼三樹三郎《らいみきさぶろう》、安島帯刀《あじまたてわき》、梅田雲浜《うめだうんぴん》などが死罪となり、またそれ以前にも天誅組の中山忠光《なかやまただみつ》などの殺害に見ることができます。

権力と財力によって、民衆を支配することを、日本の古い言葉で「ウシハク」と言います。シラスとウシハクは、両方あってはじめて統治が機能します。ウシハクだけなら、収奪社会にしかならないし、シラスだけでは、横暴や暴力を食い止めることができません。そしてこのことが、一部の思想家や権力者に蘇《よみがえ》っただけでは、日本は変わりません。シラスが常識になり、みんなの気持ちが、シラス国を求める気持ちになったとき、はじめてシラスは蘇り、日本の国体も正常化していきます。ウシハクに抗してシラス国を守ろうとする者には、必ず試練が襲いかかります。けれど、それを護り抜いたとき、古くて新しい本当の日本の未来が拓けるのです。

和気清麻呂のような人物が歴史の節目節目に現れることによって、日本は、日本の国柄が守られてきました。和気清麻呂は、奈良時代末から平安時代初期に生きた、いまから千三百年も昔の人です。けれどその心は、現代日本にも、いまだしっかりと息づいています。

こんどはひとりひとりの日本人が清麻呂になる番ではないでしょうか。

三　平安の時代を開いた藤原薬子

1　薬子の変

和気清麻呂によって、無事に平安遷都を実現した日本でしたが、ここに続けて別な問題が起こります。それが薬子《くすこ》の変です。

平安時代といえば、平和と安定の時代であり、日本の歴史を代表する教養と文化の時代であったとされます。それもそのはずで、平安京遷都が七九四年、鎌倉時代の始まりが一一九二年、そこまで三九八年ですが、このうちの八一〇年の薬子《くすこ》の変で、藤原仲成《ふじわらのなかなり》が射《い》殺《ころ》されてから、一一五六年の保元《ほうげん》の乱《らん》で源 為義《みなもとのためよし》が処刑されるまで、三四六年間にわたって律令制に基づく死刑の執行なかった、つまり誰も死罪になる人がいなかったのが平安時代であったのです。

ではその薬子の変とは、いかなるものであったのでしょうか。

まず平安京（京都）への遷都を行ったのが第五〇代桓武天皇《かんむてんのう》です。その息子で次の第五十一代天皇となられたのが、平城天皇《へいぜいてんのう》です。

その平城天皇が、まだ皇太子だった頃のお名前が安殿親王《あて》です。その安殿親王に、娘を妃《ひん》として差し出したのが、藤原縄主《ふじわらのなわぬし》の妻で、五人の子持ちの母であった藤原薬子《ふじわらのくすこ》です。

藤原薬子は、このとき娘がまだ幼かったことから、娘の付添いで宮中に出入りするようになるのですが、なんとこの母の藤原薬子が、安殿親王と深い仲になってしまうのです。正式に妃《ひん》として迎えた娘がいながら、その母親と不倫関係となってしまう……さすがに父である桓武天皇《かんむてんのう》も、これはマズイだろうと思《おぼ》し召《め》されて、結果として藤原薬子は宮中から追放されてしまいます。

男女の情というのは、周囲が反対し、さらには無理やり引き離されたりすると、余計に燃え上がるものです。

八〇六年に桓武天皇が数え年七〇歳で崩御なされ、安殿親王《あて》が第五十一代平城天皇《へいぜいてんのう》として践祚《せんそ》されます《践祚というのは、践が位につくこと、祚が皇位で、皇位に就かれることをいいます》。

皇位に就かれた平城天皇《もとの安殿親王》は、ここで早々に藤原薬子を宮中に呼び戻すのです。

そして薬子を尚侍《ないしのかみ》という宮中女官の高官として取り立て、さらに薬子の夫の中納言藤原縄主を大宰府《だざいふ》に飛ばしてしまいます。

2　藤原薬子と兄の藤原仲成による暴政

さて、ここからが問題です。我が国では、天皇は国家最高権威であって、政治権力を持ちません。天皇の側近が、政治権力の中心者になります。通常は、その側近は、まさに太政大臣や左大臣、右大臣がこれを担います。これが秩序です。ところがこの時点で少納言の下の役職の右大弁《うだいべん》でしかなかった薬子の兄の藤原仲成《ふじわらのなかなり》が、妹の七光りで実力を持ち、政治を壟《ろう》断《だん》するようになるのです。これは現代風に簡単に言ったら、大企業の社長が、特別な女性とねんごろになり、その弟の係長が、会社全体を事実上動かすようになった……ようなものです。

これではいけないということで、一部の朝廷の高官たちが、平城天皇《へいぜいてんのう》の弟の伊予親王《いよしんのう》を担《かつ》いで、平城天皇を諫《いさ》めようとするのですが、事が事前に発覚し、伊予親王は、身に覚えのない謀反《むほん》の罪を着せられて、母とともに捕縛されて幽閉されてしまいます。二人は身の潔白を主張するのですが聞き入れられず、ついに二人そろって毒を飲んで自殺してしまう。また事件に連座したとして、朝廷の高官たちがことごとく逮捕され、中央から追われてしまいます。

さらに藤原仲成と薬子の兄妹は、八〇九年には平城天皇に奏上《そうじょう》して、亡き父の藤原種継《ふじわらのたねつぐ》に太政大臣《だいじょうだいじん》を追贈《ついふ》させることに成功します。父が太政大臣の位にあったということになれば、子の仲成《なかなり》にもそのチャンスがめぐってくる可能性が開けるからです。

ところが、こうして平城天皇のもとで権勢を振るった兄妹ですが、この年、平城天皇が病にたおれてしまわれるのです。ウイルスなどの病原体などがまだ知られていない時代の出来事です。周囲は「これは伊予親王のタタリではないか」と言う。そうであれば、親王のタタリを回避するには、天皇の位を譲位する他ないということで、平城天皇は弟の神野親王《しんのしんのう》に譲位《じょうい》されます《第五十二代嵯峨天皇の御即位》。

面白いもので、権力に目が眩《くら》むと、天皇の権威と政治権力の区別がつかなくなります。このときの藤原仲成、薬子の兄妹がまさにそうで、上皇となって旧都である奈良の都に移られた平城上皇のもとで、兄妹は、なんとかして平城上皇を皇位に復活させようとするのです。

逆に京の都におわす嵯峨天皇《さがてんのう》のもとでは、下級の公家にすぎない藤原仲成が、妹の藤原薬子が平城上皇と良い仲であることを利用して権勢《けんせい》を振るっていた状況が改善されたことで、ようやく一安心となっていたのですが、問題は、京の都の嵯峨天皇はあくまでも権威であって、政治権力は奈良の平城上皇が握っていること、そしてさらにマズイことには、薬子が任じられていた尚侍《しょうし》の職が、天皇による太政官への命令書である内侍宣の発給を握っていたのです。実はこの立場が、平城天皇が平城上皇になられることで、彼女たちの権力を一層強化されることになっていたのです。

果たして八一〇年、薬子《くすこ》らに動かされた平城上皇は、九月六日に京の都を廃して、奈良に都を遷都するという詔勅《しょうちょく》を出されます。もともと奈良は仏教勢力があまりにも強くなりすぎて、朝廷の政治が壟断《ろうだん》されてしまっていたことから、桓武天皇《かんむてんのう》の御世《みよ》に、わざわざ山科《やましな》の京へと都を移設したのです。その奈良に再び都が戻るということは、奈良の仏教界からすれば、願ったり叶ったりです。つまり藤原仲成、薬子の兄妹は、奈良の仏教界を味方に付けることによって、出世栄達を得ようとしたわけです。

本来の官位にないものが、政治を壟断する。これは本来あってはならないことです。嵯峨天皇のおわす京都の朝廷は、奈良への遷都の拒否を決断します。さらに藤原仲成を捕らえて右兵衛府に監禁の上で佐渡に左遷し、薬子もまた官位を剥奪するという命令を、嵯峨天皇の詔勅として発します。

このことは本来の原則、つまり天皇は権威であって政治に口を出してはならないという原則に反します。しかしそうはいっても政治の中心者となられた平城上皇《へいぜいじょうこう》のもとで、下級官吏にすぎない藤原仲成が国政を壟断するということは許されるべきことではない、というわけで、奈良からは政府の高官たちが次々と平城上皇のもとを離れて、京の都に帰ってしまいます。

3　藤原仲成と薬子の野望を挫折させた坂上田村麻呂と空海

追い詰められた藤原仲成は、平城上皇を担いで東国で挙兵することを選択します。そして上皇と薬子を輿に乗せて東へと向かわせる。ここで登場するのが後の征夷大将軍で有名な坂上田村麻呂《さかのうえのたむらまろ》です。

このときの坂上田村麻呂の動きは、まさに疾風迅雷《しっぷうじんらい》で、嵯峨天皇の勅が出されるやいなや、平城上皇と薬子《くすこ》の一行の行き先に兵を配置し、同時に藤原仲成の屋敷に向かって、たった一矢で藤原仲成を仕留めて射殺してしまいます。

また平城上皇と薬子の一行は、大和国添上郡田村で坂上田村麻呂の軍勢と出会い、とても勝ち目がないと悟って平城京に戻り、九月十二日には上皇が自主的に剃髪《ていはつ》して出家、藤原薬子は毒を仰《あお》いで自殺しています。

このとき、一貫して我が国古来の権威と権力の分離を守り通すために嵯峨天皇側の勝利を祈念し続けたのが、真言宗の開祖で弘法大師《こうぼうだいし》の名で知られる空海《くうかい》です。そして空海は、この祈願がもとで我が国の仏教界一の実力者にのぼります。

藤原薬子は、毒婦とか妖婦などと呼ばれることもありますが、いくつになっても容貌の衰えない美しい女性でした。そんな妹を利用して立身出世を目論んだ兄の藤原仲成は、たいへんな酒好きで、酒の勢いで行動する癖があったと言われています。酔った勢いで長幼《ちょうよう》の序《じょ》を度々無視し、また皇族や高徳者を公然と侮辱《ぶじょく》したり、名誉を奪《うば》う癖《くせ》のある人物であったと伝えられています。仲成は、美人で名高い妻がいたにもかかわらず、その妻の叔母《これまたたいへんな美人》を手篭《てご》めにしようとして逃げられ、叔母が佐味《さみ》親王の家に逃げ込むと、その叔母を追って親王の家に上がり込み、その場で叔母に暴言を吐きながら道徳に反する行動に出たと『日本後紀』に書かれています。ですから仲成が殺害されたときには、人々は「自らの行いが招いた事だ」と語り合ったそうです。

「薬子の変」は、単に薬子という女性を毒婦、妖婦とすることで、わかったような気になってしまうようにされてしまっていることが多い事件です。しかし薬子の変がきっかけとなって、あらためて社会における、とりわけ宮中における秩序の大切さが再確認され、また御皇族が、あらためて人々の道徳的規範であらなければならないことが再確認されました。

そしてこのことによって我が国は、平安時代という、平和と安定、そして文化の香り高い時代を切り開くのです。その意味では、まさに藤原薬子は、その名の通りの日本の「薬」であったのであろうと思います。

薬は苦いものです。もっというなら薬は毒の一種であるともいえます。体の健康を取り戻すために、人は薬という名の毒を飲んで健康を得るわけです。藤原薬子は、平安時代の初期において、まさにその毒《＝薬》となることで日本を正常化させる石杖《いしづえ》となりました。これによって平安三四六年の泰平《たいへい》が開かれたのです。これはとてもすごいことです。歴史を振り返るとき、毒婦・妖婦と批判する前に、私達は学びと感謝を忘れてはならないと思います。

四　新田の開墾百姓としての武士の台頭

1　平家と源氏の勃興

平安時代中期に源氏《げんじ》と平家《へいけ》という二つの武士の系統が生まれ、ついにはその二つが衝突して源平合戦に至り、源氏政権の武士の時代が到来したということは、みなさま学校で教わったことであろうと思います。
ちなみに平家では、清盛《きよもり》、重盛《しげもり》、宗盛《むねもり》というように、名前の末尾に「盛」という字が付けられることが多いですが、「盛」という字は上にある「成」が、実はトンカチと釘で、下にお皿があります。叩いてできあがったものを皿に乗せるところから「盛《も》る」という漢字が出来上がっているのですが、平家は、叩いて人を成長させることをむねとしたわけです。そこには一人前の男になるように厳しく育てるぞという親の思いと、一人前となったあと一門というお皿に財を盛り付け、また天下というお皿に財を盛り付けて豊かにするという意味も含まれていたのかもしれません。

一方、源氏は頼朝、義家、為義、義朝など、「義」という字を好みました。「義」は羊の頭に我と書きます。羊の頭は神様への捧げもので、我を神様への捧げものにするわけですから、それによってどんな苦難が待ち受けていても前に進む。自分の損得のためではなくて、世のため人のために生きる、という源氏の心を表しています。

先に政権を取ったのは平家です。それはまるで、世の中が盛んであること、経済的に豊かであることを求めたからであるかのようです。ところがその後に長く政権を取ることになったのは源氏でした。これはまるで、年月がかかっても結局は「民衆を守る」ことを是とした人たちが、神々によって選ばれたということを意味しているのかもしれません。

日本は稲作を通じて「災害時に相互に助け合いができる国」として出発した経緯を持ちます。このため税もお米で支払われるようになりました。おもしろいもので、税の支払いができるものが、その時代のその国の通貨になります。今の時代はそれが紙幣だけに限られていますが、昔は、たとえば江戸時代の大阪の曽根崎町や、江戸の吉原などの遊郭では、税の支払いは板前《いたまえ》さんたちによる料理の提供でした。これは勅使の接待など、お城で大きな催し物があるときに、遊郭の板前さんたちがお城に呼ばれて料理を提供することになっていたことによります。当然、板前さんは腕が良くなければならないわけで、誰もが競って腕を磨いた結果、和膳は味だけでなく、見た目も美味しい料理として発展していきました。

このことは大工さんなどの職人さんたちも同じで、請負賃は、お米や通貨で受け取りましたが、彼らに課せられた税は、お城や寺社の造営や修繕等でした。板前さん同様、このことから彼らは一層腕を磨き、世界最高峰ともいえる日本建築を完成させていったわけです。

こうして手に職を持つ人たちが、物ではなく、その技術で税を支払ったという歴史は、ある意味、非常に優れた日本の文化のひとつであったと言えようかと思います。

さて話を戻しますが、稲作が税の中心であったということは、農家の仕事の主な部分も稲作になります。もちろん農家では、お米ばかりではなく、ネギや芋《いも》、大根などの野菜も栽培するのですが、野菜は日持ちしないため、税の対象にはなりません。いずれにせよ農地を使って食べ物を生産して暮らすわけですが、そのためには、労働力の確保のためにも、ひとつ屋根の下に大家族で住むことが、農業においてはより有利になります。いまも残る築後二百年以上経過した古民家の中には、ひとつ屋根の下で百人以上が生活していた記録などがのこされていたりします。本当に大家族だったのですね。

ところが家族が増えれば、年頃になればお嫁さんをよそからいただいたり、お婿《むこ》さんを迎えたりして、子が生まれます。その子たちが、昔は子供が「成人できる子は三人にひとり」と言われたくらいよく死んでしまいました。このため、やっと三歳になってくれた、五歳になってくれた、良かった！七歳になってくれたから、もう安心して大人になることができそうだということで始まったお祝いが、いまも残る七五三《しちごさん》です。

とにかく子供はひとりの女性が五人六人と産むのが普通の時代でしたから、健康に子たちが成人して、またお嫁さんをもらい、また孫が産まれて……となると、一家の人口はますます増えていくわけです。

そしてその子達を飢《う》えさせないためには、新たに土地を開拓して農地を増やして、より多くの生産ができるようにしていかなければなりません。


一方、すべての土地は天皇の「おほみたから」である《公地公民》というのも我が国の古来のきまりであるわけです。どんなに新規に土地を開墾しても、そこには税をかけられる。そこで新田を開発した者たちは、新たに開いた新田のうちの一部を貴族や仏寺などに寄進することで、他の新田への課税を免れるようになりました。要するに「節税」です。

全国的にこのようなことが広く行われるようになると、中央政府としてもこれを認めざるを得なくなり、聖武天皇《しょうむてんのう》の時代の天平十四年《七四三年》には墾田永年私財法《こんでんえいねんしざいほう》が制定されました。つまり私有地の保有が認められるようになったわけです。

ところが私有地が認められるようになると、新たな問題が生じます。田んぼは水の確保が不可欠です。これを利水権《りすいけん》といいますが、田に水をひくためには、川の水をせき止めることで、川の水位を上げるわけです。ところが上流で川の水をせき止めてしまったら、あるいはたびたび汚水が上流から流されたりしたら、下流の人は大迷惑してしまいます。当事者間の話し合いで解決できればそれに越したことはないのですが、どちらも譲らなければ、どうしても紛争になります。

これが朝廷が管轄する公田なら、お役所が利権の調整をしてくれます。当然です。どちらもいわば朝廷が管理する土地だからです。けれど私田の場合は、「税も払わないのに、どうして麿《まろ》が面倒をみなければならないのでおじゃるか?」ということになってしまい、結局、自分たちで紛争の解決を図らなければならなくなるわけです。けれど、どちらも食べ物がかかっているし、一族を率《ひき》いていいます。引くに引けない。どちらも譲れないとなれば、戦ってけが人を出すか、あるいは武力を持つ特別な人に紛争の調整を頼むしかありません。

こうして平安中期に、新たに台頭してきたのが、武士という新たな集団です。つまり武士というのは、もともとは新田の開墾百姓たちが組成した自警団だったわけで、やがてその自警団が謝礼に土地の寄贈を受けたりすることで、力のある武士団が、一層、勢力を増していきます。

　こうして組織が大きくなると、当然武士たちが領有する新田も増えて行きます。すると役所は、そこに課税したい。けれど武士たちは払いたくない。

　そこで武士たちが徐々に地域を越えて団結し、御皇族をその棟梁に仰ぐようになります。御皇族の縁続きとなれば、地方の国司など問題にならないくらい強い立場になることができるからです。


　こうして生まれたのが、源氏と平家です。いくつかの系統がありますが、主なものが、第五〇代桓武天皇《かんむてんのう》を始祖とする平家です。桓武天皇が開かれた都が京の都、つまり平安京で、平安京の「平」の一字をとって、彼らは平家を名乗り、西日本一帯に勢力を築きました。

　当時の西日本は、盛んに唐や宋との交易を行っていました。交易は船が沈没したり海賊に襲われたりするリスクもありますが、うまく行って帰ってくることができれば、なんと財産が四百倍にもなる大儲けができました。七福神が乗った宝船《たかぶね》の絵柄は、ここからきています。この唐や宋との民間交易を取り仕切ったのが、瀬戸内水軍で、平家はこの瀬戸内水軍と結びついて、莫大な富を築いていきます。そしてこの富をもとに中央政府である朝廷に入り込み、ついには平清盛の時代に、太政大臣《だじょうだいじん》という政治権力のトップの座まで昇りつめていくわけです。まさに平氏は、自らを鍛え、平家というお皿に財を盛り付けることで力を得ていったわけで、お名前に「盛」という字が多く使われることも、なるほどと納得できます。

一方源氏は、もっとも有名なのが第五十六代清和天皇《せいわてんのう》を始祖とする清和源氏ですが、もともとの源姓のはじまりは、第五十二代嵯峨天皇《さがてんのう》に由来します。実は嵯峨天皇はたいへんな子《こ》沢山《だくさん》で、あまりにも多くの女性と交渉を持ち、たくさんの子が産まれてしまったために朝廷の財政が逼迫《ひっぱく》してしまったほどでした。そこで生まれた対策が、皇子《みこ》たちを早く臣籍降下《しんせきこうか》させて、自活して生きるようにするという対策でした。要するに「おまえたちは未来永劫、皇室と祖（源流）を同じくするのだという名誉」を与える代わりに、「自分の食い扶持《ぶち》は自分で稼《かせ》ぎなさい」としたわけで、そのときに名誉として与えられた姓が、「源《みなもと》」であったわけです。つまり御皇室をみなもととする家柄ですよ、という姓を賜《たまわ》ったわけです。

こうして生まれた源氏は、主に畿内から関東にかけて分布していきます。もとより畿内以東は交易とはあまり関わりがありません。もともとは、日本海の海流を利用した日本海交易がたいへんに盛んで、新潟の国司となった紫式部《むらさきしきぶ》のお父さんの藤原為時《ふじわらのためとき》は、あまりにも実入りが多かったため、娘の香子《かおりこ》を京の都の朝廷に行儀見習いに出し、この娘が格別文学の才能があったために生まれたのが有名な『源氏物語』で、娘の名が紫式部です。

ところが平安時代の中後期に、あまりにボロ儲けしている渤海国《ぼっかい》が、その儲けをうらやましがった契丹《きったん》によって滅ぼされてしまい、以後、内乱状態が続いたために、それまで中国交易よりもはるかに盛んであった日本海側の交易が、次第に下火になってしまったのです。

こうなると東国では、もっぱら国内で武勇を磨《みが》くしかなくなり、文武両道に秀《ひい》でて誰からも尊敬される人格重視の源氏の風潮が生まれるわけです。《だから源氏は、自らの犠牲をいとわないという意味の「義」が名前に多用されるようになるわけですね。》

歴史を振り返ると、結局、「財」を重視した平家一門が倒れ、「人格重視」の源氏が長期の政権を築いたということは、非常におもしろい展開であるように思います。日本の歴史は世界の未来の縮図のようなところがありますが、これまで大航海時代以降六百年続いた経済重視の時代が崩《くず》れ、もしかするとこれからは人物重視の時代がやってくるということなのかもしれません。

2　武家政治の変遷

振り返ってみれば一一九二年の鎌倉幕府の成立から、室町、江戸幕府と、幕末まで都合六七六年もの長期にわたって源氏が政権を担うことができたのは、結局のところ、金財より人を重視し、自己の犠牲を厭《いと》わずに世のため人のために尽くすことのできる人間に育っていくことが、鎌倉武士道の精神として、あるいは日本人として、あるいは人間として、もっとも神々に受け入れられる道であったことが原因であったのかもしれません。

つまらない話かもしれませんが、江戸では歌舞伎が今も昔も大人気だったのですが、足軽以下の軽輩の武士は別として、旗本格以上の武家では、女子であれ男子であれ、歌舞伎を見に行くことは御法度《ごはっと》でした。歌舞伎は美しいものだと思いますし、それ自体素晴らしい芸術なのですが、武家の歌舞伎見物は、華美で贅沢なこととされたからです。武士は、もっぱらお能の鑑賞をしましたが、三歳の子供からお能に親しみ、六歳にもなれば正座して鑑賞しながら居眠りでもしようものなら、親や養育掛あるいは同行している乳母からきつく叱られたものです。武士はお祭りでお神輿《みこし》を担《かつ》いだり、屋台をひいたりするのも御法度《ごはっと》で、これは高禄の武士が中に入ったら他の町人の人達が伸び伸びと祭りを楽しめなくなるという配慮だったそうです。

武士はどこまでも庶民のためにその身分があり、そのために「義」を厭《いと》わない。これが源氏武士のこころであったのです。

人の上に立つということは、権力を持つということです。権力を持つということは、同時に責任を持つということです。その責任を、一門が富み栄える栄華に置くのか、それとも民が豊かに安心して安全に暮らせることに置くのか。もちろん平家一門にも、同じように民のために自己犠牲を厭わずに真剣に人生をすごした人たちは限りなくたくさんいます。後年の武士たちは平家物語に記述された教訓から、自己の富を優先することを恥とする文化を育みました。そしてそれは、いまに続く日本人の庶民の文化的土台をも形成しています。

昨今では、アメリカナイズされて自己の富を優先し、それこそがドリームだという風潮です。豊かになることは、もちろん良いことです。けれど誰もが我利《がり》我利《がり》亡者《もうじゃ》になったら、逆に貧富の差が激しくなります。そうではなくて、みんなが豊かになっていくことで、自分もまた豊かになっていく。富は世の中の富であり、人々のためにこそある。それが日本の文化であり民度です。そうしなければ、長い目でみたとき、日本のような天然災害の多い国では、誰もが安心して暮らすことができないのです。このことは、これからの日本を考えていく上で、とてもたいせつなことと言えるのではないでしょうか。

こらむ　右近と敦忠の恋の物語

右近《うこん》は、平安中期の女流歌人です。父親が右近衛少将だったことから、宮中では右近と呼ばれました。たいへん美しい女性であったようで、右近がまだ十代の頃、藤原敦忠《ふじわらのあつただ》という宮中の貴族と深い恋仲になりました。

敦忠は、時の最高権力者である藤原時平《ふじわらのときひら》の三男です。若い頃から楽器が得意で、その演奏は、聞く人の心をとろけさせるような妙味のある男性でした。楽器をよくする男性は、今も昔も女性に人気です。

右近と敦忠は熱愛になるのだけれど、その敦忠はあるとき、第六十代醍醐天皇《だいごてんのう》の皇女である雅子内親王《がしないしんのう》に恋をしてしまいます。

ところがこの頃の敦忠は、まだ身分は従五位下です。宮中での位が低い。いくら父が大物であったとしても、息子に実力がなければ、そうそう簡単には出世はさせてもらえないことは、今も昔も同じです。

心配した周囲の人たちは九三五年、雅子内親王を京の都から伊勢神宮の斎宮《いわいのみや》に送ってしまいます。斎宮は、伊勢神宮において天照大御神の依代《よりしろ》をする女性で、代々皇女から選ばれました。この時代、斎宮は伊勢で五百人の巫女《みこ》を配下に持つ、とびきりのお役目です。当然、男性との恋愛は絶たれます。

この時点で敦忠二十九歳、雅子内親王二十五歳です。


「身分が違うから引き離された」

そう思った敦忠は、

「ならば、その身分に引き合う男に成長してみせる！」と決意します。そしてその日から敦忠は仕事の鬼になりました。誰よりも早く登朝し、誰よりも遅くまで働き、誰よりもたくさんの仕事をこなし続けたのです。

敦忠は出世しました。もともと頭もよく、俊才で、見栄えも良い男です。翌年には左近衛権中将兼播磨守に任ぜられ、九三九年には従四位上参議に列せられ、九四二年には近江権守、九四二年には従三位権中納言に叙《じょ》せられます。

しかし仕事へのあまりに過度な執着は、彼の肉体を蝕《むしば》みました。九四三年の暮、敦忠は体を壊し、翌年の桜の散るころには衰弱して病の床に伏せるようになりました。

そんな敦忠のもとに、一首の歌が届けられました。それは、かつての恋人である右近からのものでした。

忘《わす》らるる　身《み》をば思《おも》はず　誓《ちか》ひてし
人《ひと》の命《いのち》の惜《お》しくもあるかな

《あなたは私のことなど、もうすっかりお忘れになっていることでしょう。

けれど、あなたが病の床に臥《ふ》せっているとうかがいました。

どうか一日も早く、お体を回復されますように》

この時代、歌を送られれば、歌をお返しするのが礼儀とされた時代です。けれど敦忠から右近へ返歌は、ついに届くことはありませんでした。敦忠は、返歌を詠む前に、あの世に召されてしまったのです。

右近にとって敦忠は、同じ宮中にありながら、すでに遠い人になっていました。それでも敦忠を忘れられない右近には、敦忠が雅子内親王への断ち切れない慕情から、無理に無理を重ねて仕事の鬼となっている様子がはっきりとわかっていたのです。

「あんなに無理をしていたらお体にさわります」

心配する右近にとって、敦忠への想いは、ただ遠くから見守ることしかできないものとなっていたのです。

そうして十年の歳月が経ちました。そして敦忠が病の床に臥《ふ》せってしまったとき、心配で心配でたまらない右近は、ある日、意を決して、敦忠に歌を送ります。そのときのことが大和物語に書かれています。たったひとことです。

「かえしはきかず」

つまり、返歌がなかったのです。返歌を書く前に敦忠は亡くなってしまうのです。そんな右近の歌と、敦忠の歌は、両方とも百人一首に掲載されています。右近の歌は、実に真っ直ぐで一途な愛なのです。

この歌について、私の私塾で講義をしたとき、ある方が次のように言いました。

「敦忠が出世できたのは、もしかしたら右近の一途な気持ちを周りの人も知っていて、それでも一心に仕事に励《はげ》むからだったのではないでしょうか。」

それはおおいにあることです。狭い世間です。周囲はみんな敦忠のことも右近のことも知っています。そして雅子内親王との別れを経験した後の敦忠を、右近が一心に思っていれば、周囲は、あんなにまでして独りの女性に愛される男なら、やはり仕事の能力だけでなく、人としての魅力もある男なのだろうと考えるし、それが昂《こう》ずれば、右近の想いを断ち切ってまで仕事に打ち込む敦忠には、自然と同情が集まります。そしてこのことは、「そんなに一生懸命に仕事をする男なら、では出世させてやろうか」という上司たちの思いを誘うことは十分にありえる話だからです。


昔から「人は、本当に好きな人とは一緒になれない」といいます。それもまた、神々が人に与えた試練なのかもしれません。これをお読みの方の多くが、右近とまではいかなくても、若いころの結ばれなかった恋や、悲しい別れの思い出をお持ちであろうと思います。そんな恋の記憶のある方なら、このときの右近の気持ちも、敦忠の仕事一途に打ち込んだ気持ちも、きっとわかっていただけると思います。

右近も敦忠も、千年前の人です。千年前も今も、そして千年後も、日本人の感性は変わりません。日本人はどこまでも、いつまでも日本人なのですから。

第4章

日本の中興

一　源平合戦と三種の神器

1　壇ノ浦の合戦

壇ノ浦の戦いは、旧暦寿永四年三月二十四日、西暦ですと一一八五年四月二五日に、山口県下関の沖合で行われた戦いです。

歴史を振り返ってみると、治承四年《一一八〇年》に源頼朝《みなもとのよりとも》が平家打倒の兵をあげて以来五年、屋島《やしま》の戦いで敗退した平家一門が長門国彦島《ながとのくにひこしま》《山口県下関市》まで後退し、そこで源氏と最後の決戦が行われた戦いでした。

源氏と平家は、いろいろと対比されますが、戦い方の手法も正反対です。平家の軍団は、もともと職業軍人たちですから、ひとりひとりの兵は日頃から訓練を受けていて強く、戦い方は弓矢を用いて離れて討つというものでした。これは特に水上戦で有効な戦い方です。大量の矢を射かけ、敵を粉砕するのです。

対する源氏は、もともと自分の土地を守りたい地主さんたちの集合体です。馬を多用した陸上で、個人の技を磨いています。実は、こうした戦闘形態の違いは、近代戦の銃器を用いた戦い方の違いとも共通しています。艦砲射撃やら空爆やらで、あめあられとばかり砲弾を撃ち込む米軍と、肉薄して接近戦で敵を粉砕するという日本との違いです。平家が前者、源氏が後者に近いといえるかもしれません。

さて、だいぶ春めいてきた旧暦三月、平家一門は、関門海峡の壇ノ浦に、無数の船を浮かべていました。静かに夜が明け、午前八時、源義経の軍が、その平家に襲いかかります。平家は巧妙に船を海流の上方《かみがた》に回し、水軍に不慣《ふな》れな源氏は潮の流れと逆方向から襲いかかることになりました。

潮の流れに乗る平家は、流れに乗って源氏の船に迫り、盛んに矢を射かけます。なにせ潮の流れに乗っていますから、漕ぎ手が不要です。全軍で矢を射続けます。

潮の流れに逆らう源氏の船は、平家の射る矢の前に、敵に近づくことさえできません。船を散開させ、なんとか矢から逃げようとする源氏、密集した船で次々と矢を射かける平家。

こうして正午頃までに源氏は、あわや全滅、敗退というところまで追いつめられました。

ところが、ここで潮の流れがとまります。追いつめられていた源氏は、ここで奇抜な戦法に討って出ます。平家の船の「漕《こ》ぎ手を射よ」と命じたのです。堂々とした戦いを好む坂東《ばんどう》武者《むしゃ》《源氏のこと》にとって、武士でもない船の漕ぎ手を射るという卑怯《ひきょう》な真似は、本来出来ない相談です。ところが開戦から四時間、敵である平家によってさんざん打ちのめされ、追い落とされ、陣を乱して敗退していたのです。源氏の武士達も、ここまでくると卑怯だのと言っていられません。義経《よしつね》の命に従い、平家の船の漕ぎ手を狙って弓を射ました。このことはもしかすると、気が強くて真っ直ぐな気性の源氏の武者《むしゃ》たちに、そこまでの決意をさせるために、あえて義経は流れに逆らっての攻撃を、それまでし続けていたのかもしれません。

平家は、狭い海峡に無数の船を密集させて浮かべていましたから、そこに源氏の矢が、漕ぎ手を狙って射かけられると、船の漕ぎ手を失った平家の船は、縦になったり横になったり、回ったりと、船団の陣形を乱します。密集していただけに、かえって大混乱に陥いってしまう。そこへこんどは、潮の流れが、源氏側から平家側へと変ります。まさに潮目《しおめ》が変わったのです。

潮の流れというのは、一見したところあまりピンとこないものだけれど、まるで川の流れのように勢いの強いものです。まして狭い海峡の中となれば、なおのことです。勢いに乗った源氏は、平家一門の船に源氏の船を突撃させる。平家一門は、ここまで約四時間、矢を射《い》っぱなしです。すでに残りの矢は乏しい。そこを見込んでの源氏の突進です。

船が近づき接近戦になれば、もともと接近戦が得意な源氏武者の持ち味が発揮されます。離れて矢を射かける戦い方に慣れた平家は、刀一本、槍一本で船に次々と飛び移って来る坂東武者の前にひとたまりもない。平家の船は次々と奪われ、ついに平家一門の総大将、平知盛の座乗する船にまで、源氏の手が迫ります。

実は、「祇園精舎《ぎおんしょうじゃ》の鐘《かね》の声《こえ》、諸行無常《しょぎょうむじょう》の響《ひび》きあり」で有名な平家物語では、このあたりから、まるで錦絵《にしきえ》を見るような色彩豊かな描写をしています。

迫り来る敵を前にした平教経《たいらののりつね》。彼はそのとき、すでに部下ともども矢を射尽くしていました。そこに源氏の兵が潮に乗って迫って来る。

平教経は、今日を最後と肚《はら》に決めます。そのときの平教経の服装は、赤地の錦の直垂《ひたたれ》に、唐綾縅《からあやおどし》の鎧。そこに厳物《いかもの》作りの大太刀《おほたち》を腰にして、白木《しらき》の柄《え》の大長刀《おおなぎなた》の鞘《さや》をはずすと、向かい来る敵の兵を次々となぎ倒していきます。

その壮絶な戦いぶりに、総大将の平知盛《たいらのとももり》は、教経に使者をつかわし、

「教経殿《のりつね》、あまり罪を作りなさるな。そんなことをしても相手は立派な敵だろうか？」とたしなめるのです。

ここは、とても大事なところです。戦いの最中に平知盛は、「雑兵《ぞうひょう》を殺すことが武将として立派な戦いでしょうか？と問うているのです。雑兵というのは日頃はお百姓さんです。ということは、源氏だ平家だと言う前に、彼らは大御宝《おほみたから》なのです。武門の家柄なのだから戦いはやむを得ない。けれど雑兵となっている民百姓は、たとえそれが敵であったとしても、すこしでも守ってやり、命をながらえてやるのが、武将のつとめだ、と言っているわけです。

もうすこしわかりやすくたとえます。ボクシングの試合は、リングの上で選手が技を競って戦います。ゴングの合間には、その選手のコーチや付き人たちが、一斉に選手のもとに集まって、選手の汗を拭いたり、傷口にワセリンを塗ったり、パンツを緩めて呼吸を助けたりします。戦う人の周囲には、その戦う人の面倒をみる複数のスタッフが必要なのです。そうした選手でもない、周囲のスタッフをやっつけることはいかがなものか、と知盛は問うているわけです。知盛の意見は、しごくまっとうな意見なのです。

けれども、このとき眼の前に繰り広げられているのは、試合ではなく、本物の戦いです。

雑兵とはいえ、刃を持って歯向かってくる。ならば、それは打ち払わなければならない。平知盛のひとことに、ハッと気がついた教経《のりつね》は、「さては大将軍と組み合えというのだな」と心得《こころえ》て、長刀の柄を短く持つと源氏の船に乗り移り乗り移りして、「義経《よしつね》殿はいずこにあるか」と大声をあげます。

残念なことに教経は、義経の顔を知りません。そこで鎧甲《よろいかぶと》の立派な武者を、義経かと探し回るわけです。ところが義経は、まるで鬼神のように奮戦する教経の姿に、これは敵《かな》わないと恐怖を持ちますが、部下の手前、露骨《ろこつ》に逃げるわけにもいかない。そこで教経の正面に立つように見せかけながら、あちこち行き違って、教経《のりつね》と組まないようにします。

ところが、はずみで義経は、ばったりと教経に見つかってしまう。教経は「それっ」とばかりに義経に飛びかかります。義経は、あわてて長刀《なぎなた》を小脇に挟《はさ》むと、二丈《にじょう》《およそ六メートル》ほど後ろの味方の船にひら〜り、ひら〜りと飛び移って逃げるわけです。これが有名な「義経の八艘《はっそう》飛び」です。

教経は早業では劣っていたのか、すぐに続いては船から船へと飛び移れない。そして、今はこれまでと思ったか、その場で太刀や長刀を海に投げ入れ、兜《かぶと》さえも脱ぎ捨てて、胴のみの姿になると、

「われと思はん者どもは、寄つて教経に組んで生け捕りにせよ。鎌倉へ下つて、頼朝に会うて、ものひとこと言わんと思ふぞ。寄れや、寄れ！」

《われと思う者は、寄って来てこの教経と組みうちして生け捕りにせよ。鎌倉に下って、頼朝に一言文句を言ってやる。我と思う者は、寄って俺を召し捕ってみよ！》とやるわけです。

ところが、丸腰になっても、教経は、猛者です。さしもの坂東武者も誰も近づけません。みんな遠巻きにして、見ているだけです。

そこに安芸太郎実光《あきたろうさねみつ》が、名乗りをあげます。安芸太郎は、土佐の住人で、なんと三十人力の大男です。そして太郎に少しも劣らない堂々たる体格の家来が一人と、同じく大柄な弟の次郎を連れています。

太郎は、

「いかに猛《たけ》ましますとも、我ら三人取りついたらんに、たとえ十丈の鬼なりとも、などか従《したが》へざるべきや」

《いかに教経様が勇猛であろうと、我ら三人が組みつけば、たとえ身の丈《たけ》十丈《じょう》《およそ三〇メートル》の鬼であっても屈服させられないことがあろうか》と主従三人で小舟にうち乗り、教経に相対します。そして刀を抜いて、いっせいに打ちかかる。

ところが教経は、少しもあわてず、真っ先に進んできた安芸太郎の家来を、かるくいなして海に蹴《け》り込むと、続いて寄ってきた安芸太郎を左腕の脇に挟《はさ》みこみ、さらに弟の次郎を右腕の脇にかき挟み、ひと締めぎゅっと締め上げると、

「いざ、うれ、さらばおれら、死出の山の供《とも》せよ」

《さあ、おのれら、それでは死出の山へ供をしろ》

と言って、海にさっと飛び込んで自害するわけです。まさに勇者の名にふさわしい最期を遂《と》げたのです。

このとき教経、二十六歳。このあたりの描写は、吉川英治の『新・平家物語』よりも、むしろ琵琶法師《びわほうし》の語る原文の平家物語の方が、情感たっぷりに描かれていて、素敵かもしれま

せん。

こうして壇ノ浦の戦いで、平家は滅びました。平家物語は、壇ノ浦の戦いで命を救われた建礼門院《けんれいもんいん》を、後白河法皇が大原にお訪ねになり、昔日《せきじつ》の日々を語り合う場面で、語りおさめとなります。

琵琶法師の語る平家物語は、実に色彩が豊かで、まさにそれは総天然色フルカラーの世界。その口演《こうえん》が、一話二時間くらいで、十二話で完結です。二時間分の話し言葉というのは、だいたい二万字ですから、法師の語る平家物語は、全部でだいたい二十四万字、つまり、いまならすこし厚手の本二冊分くらいの量です。それだけの文学作品が、なんと十三世紀頃にできあがっていたというのですから、これまた日本というのはすごい国です。

2 秘するが花の文化

ここでたいせつなことをひとつ。幼い安徳天皇《あんとくてんのう》が平家とともに都を離れ、壇ノ浦に沈まれて崩御《ほうぎょ》されました。このとき三種の神器《じんぎ》《八咫鏡《やたのかがみ》・天叢雲剣《あめのむらくものつるぎ》、八尺瓊勾玉《やさかにのまがたま》》も海中に没しています。

天皇の御代《みよ》がわりは、その天照大御神から授けられたと神話に伝える三種の神器を先帝から受け継ぐところからはじまります。このことは瓊々杵尊《ににぎのみこと》が天照大御神から授かった三種の神器を持って天孫降臨した物語に由来します。

その三種の神器が「壇ノ浦の海に沈んだ」という説があります。だから「皇位継承に不可欠な三種の神器は、すでに失われてしまっている」という人もいます。実際、『平家物語』には、二位の尼が安徳天皇を抱きしめて「神璽を脇に挟み宝剣を腰に差し」沈んだと書かれています。ここでいう神璽《しんじ》が八咫鏡《やたのかがみ》、宝剣が天叢雲剣《あめのむらくものつるぎ》です。『平家物語』では、このとき八尺瓊勾玉《やさかにのまがたま》は木箱に入っていたため、箱ごと浮かび上がって源氏によって回収されたとしています。また一度失われた八咫鏡《やたのかがみ》と天叢雲剣《あめのむらくものつるぎ》は、源頼朝の命によって、漁師の岩松与三が網で引き揚げたという話もあります。

ただ、我が国の文化は、古来「大切なことは隠す」という文化です。いまでも三種の神器は宮中に祀《まつ》られていますが、それらは形代《かたしろ》といって、レプリカです。本物は八咫鏡《やたのかがみ》が伊勢神宮の内宮に祀られ、天叢雲剣《あめのむらくものつるぎ》《草薙剣》は熱田神宮に鎮座《ちんざ》しています。八尺瓊勾玉《やさかにのまがたま》は皇居に鎮座されていますが、儀式に用いられるのは形代《かたしろ》、つまりレプリカです。
つまり上古の昔から、本物は大切に隠されているのであり、皇居から安徳天皇とともに遷《うつ》られて海に沈んだのは、そのレプリカの方であったというわけです。

こうした「大切なものは隠す」という文化は、日本文化の根底をなすもので、神社であれば拝殿の裏に、もうひとつ奥の院が造られますし、和歌であれば、言いたいことは直接に言わずに、あえてそこを隠して和歌を詠みます。詠み手《和歌を聞く側》は、その隠された思いを三十一文字の中から察する、つまり読み取るのが和歌の文化です。
それがカタチのない情報のようなものであれば、手に左手と右手があるように大切な情報は、必ず情報のルートが二重に用意されます。たとえば命令を実行した本人がその報告をするだけでなく、現場にいたもうひとりの目付役が、同じように報告を行います。両者の報告がそろって、はじめて正しい報告となります。

このように「大切なことは隠すこと」、情報のように隠されては困るものなら、必ず事前にルートを二本手当しておくこと。これが我が国古来の文化です。

いまでも、たとえばお伊勢様の外宮は豊受大御神《とようけのおほみかみ》が御祭神とされています。豊受大御神は、別名を豊宇気毘売神《とようけひめのかみ》というくらいで、女性神ですが、外宮の千木《ちぎ》は、御神体が男性神であることを示す男千木《をちぎ》になっています。つまりその奥に、知られざる御祭神がおいでになるということです。このことは天照大御神をお祀《まつ》りする内宮も同じです。その奥にさらに別な神性がご鎮座されているのだそうです。それが何という神様なのか、筆者も知りませんしわかりませんが、ただ、そういうことがちゃんとわかるように、手がかりとして千木が男千木《をちぎ》になっていたりするわけです。

このように、大切なことは隠すという文化的土壌ですから、感情を表に表すときも、本当の気持ちは隠すということが文化になっています。周りの人は、その人の心を、いろいろな手がかりから察していくことになりますが、このことが、思いやりの文化にもつながっています。

世の中には、たとえば自分の気持はストレートに表に出すことが正しいことだとする文化をもった国や民族もあります。隠していたら健康に悪いというわけです。けれども誰もがストレートに本音をぶつけ合えば、必ず感情的な対立が生まれます。これを集拾するためには、どこかで誰かが我慢《がまん》しなければならない。そうするとそこに無用な上下関係が生まれます。そして上の人は言いたい放題言えるけれど、下の人は何も言えずに我慢するしかないという風潮になります。上に立つ人よりも、下にいる人の方が、圧倒的に多いのですから、これでは世の中が不幸になります。世の中の多くの人たちが幸せになるためには、誰もがちょっとずつ我慢をして、本心を隠す。そうすることで、世の中全体が円滑に周り、隠された思いを察する文化によって、上も下もない、あたたかな文化が生まれます。

そういうことを、私達の祖先は、真剣に考え、行動してきたわけです。

国際化社会の中では、言わなければわからないのだから、言いたいことを明確に主張しなければならないと言われています。その通りと思います。けれどその背景として、日本人がどのような文化を築いてきたのかを、同時に説明できる力が、これからの日本人には必要だと思います。だって、日本のことを説明できるのは、日本人しかいないのですから。

二　源義経と静御前

１　静御前の物語

壇ノ浦の戦いのことを書きましたので、源義経《みなもとのよしつね》と静御前《しずかごぜん》のことを書いておこうと思います。このお話は拙著『ねずさんの昔も今もすごいぞ日本人・第二巻』《彩雲出版》にも書いたことなのですが、補足事項もありますので、あらためて述べてみたいと思います。

静御前は、飢饉の際に「雨乞い神事」を行い、ただひとり雨を降らせることができた「神に届く舞」を踊れる白拍子《しらびょうし》として、後白河法皇《ごしらかわほうのう》から「都一」のお墨付きをいただいた女性です。この神事のとき、後白河法皇のお側《そば》にいた源義経は、静御前のあまりの美しさに心打たれ、その場で御前を妻に娶《めと》ることを願い出ました。以来二人はずっと寝起きをともにします。

けれど京の都で雅《みやび》な生活をする義経は、鎌倉にいる兄の源頼朝に疎《うと》まれ、ついに京を追われてしまいます。京を出た義経一行は、尼崎から船に乗って九州を目指すのですが、暴風雨に遭って船が難破してしまい、一行は散り散りになってしまう。

嵐の中でも、決して手を離さなかった義経と静御前は、一夜開けて芦屋の里に漂着します。船の難破で九州落ちが不可能となったため、生き残った弁慶《べんけい》や源《みなもとの》有綱《ありつな》、堀景光《ほりかげみつ》らと一緒に、陸路で大和へと向かいます。目指すは奥州平泉です。

大和の吉野山に到着した義経らは、吉水院という僧坊で一夜を明かします。そこからは、大峰山の山越え路です。ところが問題がありました。大峰山は神聖な山で、女人禁制なのです。女の身の静御前は立ち入ることができません。やむなく義経は、静御前に都へ帰るようにと告げます。

「ここからなら、都もさほど遠くない。これから先は、ひどく苦しい旅路ともなろう。そなたは都の生まれ。必ず戻るから、都に帰って待っていておくれ」

それを聞いた静御前は、「私は義経さまの子を身ごもっています」と打ちあけます。

そして、「別れるくらいならいっそ、ここで殺してください」と涙ぐみます。

このときの静御前は、鎧《よろい》をつけ大薙刀《おおなぎなた》を持っています。鎧姿に身を包み、愛する人との別れに涙する絶世の美女、泣かせる場面です。

ここでひとこと注釈を挟みます。大峰山は、たしかに女人禁制の山です。しかし義経一行は、頼朝に追われた逃避行です。いわば緊急避難行動中です。たしかに静御前は女性ですが、大峰山に入る姿を誰かに見られているわけではありません。関所があるわけでもありません。つまり、女人禁制とはいっても、女性を連れて入ろうとすれば、いくらでも入ることができる状態でもありました。人が見ていなければ、見つからなければ、何をやってもいいと考えるのは、昨今の個人主義の弊害です。昔の日本では、人が見ていようが見ていまいが、約束事は約束事、決まりは決まりです。

たとえどんなに愛する女性であっても、たとえ口の堅い部下しかそこにいなかったとしても、誰も見ていなくてもお天道様が見ている。そう考え、行動したのがかつての日本人です。だから義経は静御前に「都へ帰りなさい」と言ったのだし、御前もその義経の心中が分かるからこそ、禁制を破るより「殺してください」と頼んでいるのです。


義経は泣いている静御前に、いつも自分が使っている鏡を、そっと差し出しました。

「静よ、これを私だと思って使っておくれ。そして私の前で、もう一度、静の舞を見せておくれ」愛する人の前で、静御前は別れの舞を舞います。

目に涙を浮かべいまにも崩れ落ちそうな心で、静御前は美しく舞う。

それを見ながら涙する義経。

名場面です。


静御前が舞ったときの歌です。

見るとても　嬉しくもなし　ます鏡
恋しき人の　影を止めねば
《鏡など見たって嬉しくありません。なぜなら鏡は愛するあなたの姿を映してくれないからです……》

義経一行は、雪の吉野山をあとにしました。その姿を、いつまでもいつまでも見送る静御前。一行の姿が見えなくなった山道には、義経たちの足跡が、転々と、ずっと向こうのほうまで続いていています。

文治元（一一八五）年十一月のことです。

この月の十七日、義経が大和国吉野山に隠れているとの噂を聞いた吉野山の僧兵たちが、義経一行の捜索のために山狩りを行いました。夜十時頃、藤尾坂を下り蔵王堂にたどり着いた静御前を、僧兵が見つけます。そして執行坊に連れてゆき尋問しました。荒ぶる僧兵たちを前にして、静御前はしっかりと顔をあげ、

「私は九郎判官義経《くろうほうがんよしつね》の妻です。私たちは、一緒にこの山に来ました。しかし衆徒蜂起の噂を聞いて、義経様御一行は、山伏の姿をして山を越えて行かれました。そのとき、数多くの金銀類を私に与え、雑夫たちを付けて京に送ろうとされました。しかし彼らは財宝を奪い取り、深い峰雪の中に、私を捨て置いて行ってしまったので、こ

のように迷って来たのです」と述べます。

翌日、吉野の僧兵たちは、雪を踏み分け山の捜索に向かいました。一方、静御前は鎌倉へと護送されます。

鎌倉に護送された静御前は、厳しい取り調べを受けますが、義経の行き先は知りません。知らないから答えようもありません。やむなく頼朝《よりとも》は、彼女を京へ帰そうとしますが、このとき彼女が妊娠五カ月の身重であることを知ります。このため出産の日まで、静御前を鎌倉にとどめ置くことになりました。

年が明けて四月八日、鎌倉幕府で源頼朝臨席の花見が、鶴岡八幡宮で盛大に執り行われることになりました。この日頼朝は、幽閉されていた静御前に、花見の席で舞を舞うことを命じました。なにしろ静御前は当代随一の神に通じる舞の名手です。けれど、それは、静御前からすれば、敵の真っただ中で舞うことになります。できる相談ではありません。

「私は、もう二度と舞うまいと心に誓いました。いまさら病気のためと申し上げてお断りしたり、わが身の不遇をあれこれ言うことはできません。けれど義経様の妻として、この舞台に出るのは、恥辱です。」

そう言って、八幡宮の廻廊に召し出された静御前は、舞うことを断ったのです。

それを聞いた将軍の妻、北条政子《ほうじょうまさこ》は、たいへん残念に思いました。新興勢力である鎌倉幕府記念の鶴岡八幡宮での大花見大会なのです。「天下の舞の名手がたまたまこの地に来て、近々帰るのに、その芸を見ないのは残念なこと」

政子は頼朝に、再度、静御前を舞わせるよう頼みます。

頼朝は、「舞は八幡大菩薩にお供《そな》えするものである」と静御前に話すよう指示しました。

単に、花見の見せ物として舞うのと、鶴岡八幡宮に奉納するということでは、舞う意味がまったく違います。神への奉納となれば、これは神事だからです。静御前は神に捧げる舞を舞う白拍子です。神事といわれれば断ることができません。

静御前は着替えを済ませ、舞台に出ました。会場は鎌倉の御家人たちで埋《う》め尽《つ》くされています。静御前は一礼すると、扇子《おうぎ》をとりました。そして舞を舞いはじめました。曲目は、「しんむしょう」という謡曲です。歌舞の伴奏には、畠山重忠《はたけやましげただ》・工藤祐経《くどうすけつね》・梶原景時《かじわらかげとき》など、鎌倉御家人を代表する武士たちが、笛や鼓・銅拍子をとりました。

満員の境内の中に桜が舞います。その桜と、春のうららかな陽光のもとで、静御前が舞う。

素晴らしい声、そして素晴らしい舞です。

ただ……、何かものたりないのです。心ここにあらずなのです。

続けて静御前は『君が代』を舞いました。けれど舞に、いまひとつ心がこもっていません。どこか心の入らない静御前の舞に、場内がざわめきはじめます。

「なんだ、当代随一とか言いながら、この程度か？」

「情けない。工藤祐経の鼓がよくないのか？それとも静御前がたいしたことないのか？」

会場は騒然となりました。敵の中にたったひとりいる静御前にとって、そのざわめきは、まるで地獄の牛頭馬頭たちのうなり声のようにさえ聞こえたかもしれません。普通なら、足が震えて立つことさえできないほどの舞台なのです。その静御前は、二曲を舞い終わり、床に手をついて礼をしたまま、舞台でかたまってしまいました。そのまま、じっと動きません。

「なんだ、どうしたんだ」

会場のざわめきが大きくなりました。それでも静御前は動きません。

このとき御前は何を思っていたのでしょう。

遠く、離ればなれになった愛する義経の面影でしょうか。

このまま殺されるかもしれない我が身のことでしょうか。

「二度と会うことのできない義経さま。もうすぐ殺される我が身なら、これが生涯最後の舞になるかもしれない。会いたい、会いたい。義経さまに、もういちど会いたい……」

このとき静御前の脳裏には、愛する義経の姿が、はっきりと浮かんでいたのかもしれません。『義経記』はこのくだりで、次のように書いています。

「詮《せん》ずる所《ところ》敵《てき》の前《まえ》の舞《まい》ぞかし。思《おも》ふ事《こと》を歌《うた》はばやと思《おも》ひて」

《どうせ敵の前じゃないか。いっそのこと、思うことを歌ってやろう！》

そう心に決めた静御前は、ゆっくりと、ほんとうにゆっくりと立ち上がりました。

なにが起こるのでしょうか。

それまでざわついていた鎌倉武士たちが、静まりかえっていきます。

そして、しわぶきひとつ聞こえない静寂が訪れたとき、静御前が手にした扇を、そっと広げました。

そして歌いはじめます。

しづやしづ　しづのをだまき　繰《く》り返《かえ》し

昔を今に　なすよしもがな

吉野山　峰《みね》の白雪《しらゆき》　踏《ふ》み分けて

入《い》りにし人の　跡《あと》ぞ恋《こい》しき

《いつも私を、静、静、苧環の花のように美しい静と呼んでくださった義経さま。幸せだったあのときに戻りたいわ。吉野のお山で、雪を踏み分けながら山の彼方に去って行かれた義経さま。あとに残されたあのときの義経さまの足跡が、いまも愛《いと》しくてたまりません……》

歌いながら、舞う。

舞いながら歌う。

美しい。あまりにも美しい。場内にいた坂東武者たちは、あまりのその舞の美しさに、呆然として声も出なかったといいます。その姿は、まさに神そのものが舞っているように見えたとも伝えられています。

この「しづやしづ」の舞を、静御前が白拍子だったから「賤《しづ》」である、などと書いているものもあるけれど、とんでもない話です。義経は、静御前を「苧環《おだまき》の花」にたとえているのです。

映画やドラマなどでは、いろいろな女優さんが静御前を演じ、私たちはその映像を見ます。

けれど物語は千年前です。映画もドラマもありません。ですから昔の人は、文字だけで何とか美しさを表現しようと、その場面に背景や花を添えてイメージを伝えているのです。

背景は、満開の桜の花です。

薄桃色一色に染まった背景の中で、紫色の一輪の苧環《おだまき》の花が舞うのです。このようにして物語を立体的な総天然色の世界として読み手にイメージさせるのが日本の古典文学の特徴です。「賤」なんて、とんでもありません。

静御前が舞い終えました。扇子を閉じ、舞台の真ん中に座り、そして頭を垂れました。会場は静まり返っています。およそ芸能のプロと呼ばれる人には、瞬時にして聴衆の心をぎゅっと摑んでしまう凄味があります。なかでも神に通じる当代随一と呼ばれた静御前です。しかもその御前が、愛する人を思って舞ったのです。

どれだけ澄んだ舞だったことでしょう。想像するだけで、体が震えるほどの凄味を感じます。

しかも、舞台は敵の武将たちのど真ん中です。そこで静御前は、女一人で戦いを挑んだのです。

　会場には、またもうひとつの緊張がありました。源氏の棟梁である源頼朝と、名だたる御家人たちの前で、静御前が敵方の大将であり、逃亡中の義経を慕う歌を歌い、舞ったのです。

　静寂を破ったのは頼朝でした。

「ここは鶴岡八幡である。その神前で舞う以上、鎌倉を讃える歌を舞うべきである。にもかかわらず、謀叛人《むほんにん》である義経を恋する歌を歌うとは不届《ふとど》き至極《しごく》である！」

　このとき、日ごろは冷静すぎるくらいの頼朝が、珍しく怒りをあらわにしたとあります。このままでは静御前は、即刻死罪となるかもしれません。けれど、これを制したのが、頼朝の妻の北条政子でした。

「将軍様、私には彼女の気持ちがよく分かります。私も同じ立場であれば、静御前と同じ振る舞いをしたことでしょう」

「ならば」と頼朝は言います。

「敵将の子を生かしておけば、のちに自分の命取りになる。そのことは、自分が一番よく知っている。生まれてくる子が男なら殺せ」

実は、このとき静御前は妊娠六カ月です。お腹の子は、もちろん愛する義経の子です。母親となる身にとって、生まれて来る子を殺されることは、自分が殺されるよりつらいことです。

北条政子は言いました。

「では、生まれてくる子が女子ならば、母子ともに生かしてくださいませ」

同じ女として、政子のせめてもの心遣いです。

頼朝は、これには、「ならばそのようにせよ」と言うしかありませんでした。

それから四カ月半後の七月二十九日、静御前は男の子を出産しました。その日、頼朝の命を受けた安達清常《あだちきよつね》が、静御前のもとにやって来ました。お腹を痛めた、愛する人の子です。静御前は子を衣にまとい抱き伏して、かたくなに引き渡すことを拒みました。武者数名がかりで取り上げようとしたけれど、静御前は、断固として子を手放さなかったといいます。

数刻のやり取りのあと、安達清常らはあきらめて、いったん引きあげました。安心した静御前は疲れて寝入ってしまう。そりゃそうです。初産《ういざん》を終えたばかりなのです。体力も限界だったでしょう。

けれど御前が寝入ったすきに、静御前の母の磯禅尼《いそのぜんに》が赤子を取り上げ、使いに渡してしまいます。子を受け取った安達清常らは、その日のうちに子を由比ヶ浜の海に浸《つ》けて、殺してしまいました。

目覚めて、子がいないことに気がついた静御前の気持ちはいかばかりだったことでしょう。

「どうせ殺すなら、私を殺してほしかった」

気も狂わんばかりとなった御前の悲しみが、まるで手に取るように伝わってきます。

産褥《さんじょく》の期間を終えた静御前は、九月十六日、鎌倉から放逐《ほうちく》されることになりました。このとき、御前を憐《あわ》れんだ北条政子は、たくさんの重宝を御前に渡し、京へと旅出するよう言ったといいます。

赤ん坊を取り上げた磯禅尼《いそのぜんに》は、静御前の実の母です。その母が、娘の子を殺そうとする安達清常に、赤ちゃんを引き渡してしまう。実は、こういうところに、物語に書かれていない伏線が置かれているのが、日本文学の特徴です。表向きは、こうして赤ちゃんは由比ヶ浜で、海水に漬《つ》けられて殺され、遺体もそのまま海に流されたことになっています。

けれど、よくよく考えてみれば、そもそも母が娘の赤ちゃんを殺すために安達清常に渡すでしょうか。祖母にとって娘の子《つまり孫》です。孫というのは祖父母にとっては、それこそ目に入れても痛くないほど可愛いものです。それをおめおめと渡した?そうであるとするならば、絶対にその背景があるはずです。

何があったのでしょうか。

答えは、赤ちゃんは死んでいない（殺されていない）、です。

まず、子を取りあげたのは磯禅尼ですが、これは静御前の実母です。当代一の白拍子にまでなった娘を、母親が可愛くないはずはありませんし、生まれてきた赤ん坊は、磯禅尼にとっては初孫《はつまご》です。これまた可愛くないはずもない。まして、敵対する相手に赤子を求められたからといって、普通ならおいそれと引き渡す筈《はず》もありません。

一方、引き渡しを求めてきた鎌倉方の安達清常は、堂々たる鎌倉御家人です。武門の柱として、刃向かう者には容赦はしないけれど、生まれたての赤子を殺せるような鎌倉武士は、悪いけれど誰一人いるはずもないし、そのようなことをすれば、仮にそれが頼朝の命令であったとしても、安達の家名に泥を塗り、末代までの恥さらしとなります。武士が名誉を重んずることは、江戸時代よりも鎌倉時代はもっとすごみがあった時代です。

つまり何を言いたいかというと、安達清常は、赤子を殺さなかったであろうということです。その意味では、由比ヶ浜に浸けて殺したという表現もおかしなものです。赤子を殺すには、首を締めても良いし、刀で刺すこともできるのです。それをわざわざ由比ヶ浜というのは、これは「謎掛《なぞか》け」だということです。

海に沈めて殺したとなれば、遺体は海に流されて見つかりません。つまりこの話は、「殺したことにした」ということでです。「殺した」というのは、「○○だったと日記には書いておこう」というのと同じ建前《たてまえ》です。

もちろん職務上、静御前にそのように話すことなどできません。話したところで御前が生まれたばかりの赤ちゃんを手放すはずもない。そこで安達清常は、静御前の母に、

「ワシが責任をもって赤ん坊の面倒をみる。そして後日、必ず赤子を静御前に引き渡そう」

と、自身の名誉にかけて誓い、赤ん坊を引き渡してもらったのです。そして海に沈めたことにして、乳母を雇《やと》って赤ん坊を育てます。

一方、静御前は、北条政子らから黄金をもらって鎌倉を解放されたとはいっても、自分が眠っている間に大事な赤ちゃんは拉致《らち》され、由比ケ浜で殺されたという。しかも引き渡したのは、自分の母だというわけです。もうそうなれば人間不信でしょう。愛する義経には二度と会えない。大切な子は、いま、隣を歩いている母によって殺されたのです。この先いったい誰を信じて生きて行けばよいのか。産後の肥立《ひだ》ちの弱った体に、激しい悲しみが追い打ちをかけます。おそらく、もはや生きる気力さえも、まったく失っていたことでしょう。

そのような抜《ぬ》け殻《がら》になってしまった静御前を、鎌倉方がいつまでも養《やしな》っておく理由はありません。ですから財宝を与えて、母の磯禅尼とともに鎌倉を放逐します。「京に帰りなさ

い」というわけです。

母とともに街道を歩いても、静御前にしてみれば自分を裏切った人と歩いているようなものです。この世でもっとも憎む相手が自分の母親だなんて、考えただけでもつらい話です。

母を殺して自分も死ぬか。けれど親殺しはこの世で最も重い重罪です。

そんな乱れる心で街道をたどって、ようやく鎌倉を抜けたとき、街道に馬を降りた安達清常が立っています。安達清常は、静御前母子に真顔で近づきます。

普通なら、静御前にとって安達清常は憎んでも憎み足りない敵《かたき》となるところです。けれど我が子を失い、すでに心が死の淵《ふち》に行ってしまっている静御前にとって、もはや目の前にいる安達清常は、ただの物体でしかありません。

その安達清常が言います。

「静殿、お待ちしておりました。

母君の磯禅尼殿に、ほだされましてな。

『武士が赤子を殺すのか！』というわけです。

それで委細を承知つかまり、由比ヶ浜で海に漬けたことにして、こうしてひそかにお育てしてまいりました。」

見れば、安達清常の後ろに立っている女性が赤子を抱いています。
《生きていれば私の子も、この子くらいだったかもしれない……》
静御前には、まだ事態が飲み込めません。
安達清常は、女性が抱いている赤子を静御前に抱かせます。

「ほら。若君ですよ。
大切にお育てしてまいりました。
ささ、お顔をよくご覧ください。
若君、ホラ、母君だよ……。」

腕に抱いた赤子の重み。
母というのは不思議なものです。どんなにたくさんの赤ちゃんがいても、そのなかからひと目で我が子を見つけます。このときの静御前もそうでした。

そのとき、静御前の胸の中で、すべてがつながりました。

母は知っていながら、心を殺してまでしてそのことを自分に黙っていた。娘が傷つき、心が死の淵をさまよう状況にまで至っても、それでも自分を信じていてくれた。鬼と思っていた安達清常も、こうしてみれば、真っ直ぐそうな良いお男です。そしてこれまで乳母をしてくれていた女性の笑顔。

静御前の目から、滂沱《ぼうだ》の涙がこぼれ落ちます。


これが書かれていない実際にあった出来事であろうと思っています。頼朝にしても人の子です。弟の赤子を殺したとあれば、死ぬまで後悔します。けれど政治の事情で、そのように決断しなければならなかったし、将軍の決断は、そのまま実行に移されなければなりません。

しかしそこが政治なのです。静御前の赤子を取りあげに誰を行かせるか。ちゃんと事情を飲み込んで対処できて、しかも口にチャックを締めて誰にも言わずにいれる男。だから安達清常を静御前のもとに向かわせたのです。

安達清常というのは、御家人ではありません。御家人というのは、いま風に言えば、領土を持った地元の名士たちです。けれど安達清常は、一般の庶民の出で、京の都で元暦年間から頼朝に仕えた、武士階級の出ではない頼朝の側近《近習》です。

しかし同時に安達清常は、頼朝の気持ちを察して行動できる信頼できる優秀な男でもありました。ちなみに安達清常によって、土地持ちの御家人でなくても、才覚と努力で武士となる道が開かれています。要するに「できる男」だったのです。そして「できる男」の要件とは、ただ上司の言うことを聞く男ではなく、近習として上司の考えを察して、責任を持って行動できる男のことをいいます。

ただ赤子を殺すだけなら、小物を派遣すれば足りるのです。けれど頼朝の近習の中の近習、信頼できる安達清常を派遣したのは、「清常なら、この問題をきちんと処理してくれる」という期待が頼朝にあったからにほかなりません。そしてそういう人材こそが、幕府の官吏《かんり》としてふさわしいとされ、そうであればなおのこと、御家人たちは、さらにもっと深く察して行動できる力量が求められるようになっていったのです。

　ここが他所の国と日本の武士文化の異なる大事なところです。命令されたからと言って、何の感情もなく、ただ人を殺せるような痴《し》れ者は、鎌倉武士の中にはひとりもいない。そう断言できるだけの武士文化を、頼朝は構築したのです。だからこそ、江戸時代に至っても、武士の戦慄する姿の模範は、常に鎌倉武士に求められたのです。

「察する」ということを大切にした日本の文化においては、文学であっても時代への配慮を欠かしません。ですから物語そのものは「○○と日記に書いておこう」と同じで、いわゆる建前で記述されます。しかしそのようなものは、どこかおかしなところがあるもので、前後の経緯や事態の流れから、容易に実際にあった出来事を察することができるように書かれているものです。

　でもそんなことを言い出すと、間違っていると言われるかもしれません。どこにも書いてないよ、と言われるかもしれません。なるほどそうでしょう。間違っているかどうか、どこかに書いてあるかどうかはとても大切なことです。けれど洞察し、見抜くことは、人が生きていく上において、もっと大切なことなのではないでしょうか。

三　元寇の恐怖

1　蒙古襲来

東北地方の山間部に、「モッコ」という言葉があります。「モッコ」というのは、ふるくから「この世の中で一番怖いもの」とされるもので、「何だかわからないけれども、とにかく一番怖いものなの」なのだそうです。その「モッコ」は、じつはモーコ（蒙古）のことだといわれています。元寇の恐怖が、東北の山の中で、いまでもこのような形で語り継がれています。それほどまでに蒙古襲来は、鎌倉時代における「恐怖のできごと」であったわけです。

一二六八年、高麗《こうらい》の使いによってフビライの書簡が九州の太宰府《だざいふ》にもたらされました。ちなみにフビライがこの書簡を書いたのは、実は一二六六年のことです。その書簡が高麗を経由して、ようやく太宰府に届くまで、なんと二年も経過していました。どこで書簡が停滞していたかというと朝鮮半島にあった高麗です。

当時の高麗は元の属領、つまり元の大帝国の一部でした。ですから元と日本が戦争になると高麗は兵員や食糧を負担しなければなりません。事大主義で、ああでもないこうでもないと高麗内部でどうしようかとあれこれ議論している間に、二年が経ってしまったわけです。

その書簡が、いよいよ大宰府にもたらされました。太宰府は、中国・朝鮮をはじめとするアジアに向けられた日本の玄関口です。太宰府はこの書簡に驚き、幕府をとおして朝廷に書簡を届けます。

朝廷も、書簡を見てびっくりしました。連日会議を重ねられました。この時代、武装兵を持っているのは、朝廷と仏教のお寺と武士団としての鎌倉幕府です。朝廷と仏教寺院は、それぞれ朝廷領の荘園を持ち、武士は新田を持って、それぞれ互いの干渉を拒否していました。朝廷からの「蒙古襲来に備えよ」という命に対し、朝廷直轄の大宰府はもちろんのこと、鎌倉幕府も、仏教寺院も武装兵を出さなければならないことになったのです。けれども仏教寺院の僧兵は、お寺を守るための兵です。そうそう簡単に兵を出すことができません。

そしてこのとき、自分たちに任せてくださいと手を上げたのが、鎌倉の武家政権であったわけです。

鎌倉の執権《しっけん》、北条時宗《ほうじょうときむね》が、わずか十八歳にして執権職に就いたのは、そんな朝廷からの蒙古追い払い令が発せられた、わずか六日後のことでした。鎌倉では老獪《ろうかい》な高官たちが、どうしようか、鳩首凝議《きゅうしゅぎょうぎ》《集まって熱心に会議をすること》していました。けれども結論は出ません。主戦派、穏健派、中間派に分かれて、議論がまとまらないのです。

北条時宗も執権に就任したばかりです。周囲は年寄りの政治家ばかりです。青二才のなりたて執権の言うことなど、誰も耳を貸そうとしません。この時点では、北条時宗は、執権という名の、ただの置物にすぎなかったのです。

結局、日本側の回答が出ないまま、しびれをきらしたフビライは、何度も高麗に、日本への使者の派遣を命じました。ところが高麗も高麗です。天候が悪いの、海が荒れたのと理屈をつけて、途中で帰ってきてしまったかと思えば、今度は蒙古に日本との通交をすすめたりと、まるでラチがあかない。

そもそもこの日本への派兵は、高麗が蒙古に言い出したことでした。高麗王は蒙古に、「高麗には何の物産もありませんが、海を渡った先には日本という黄金の国があります。むしろそちらを奪うべきです。しかもその日本は弱国で、白村江事件でさんざん打ち負かされています。蒙古の大王の威力をもってすれば、日本の黄金はまたたく間に大王のものとなるでしょう」とけしかけたのです。

ところが蒙古は、新しく国を奪おうとするときには、新たに蒙古の傘下に入った地域の兵をその先棒とするのがならわしです。つまり実際に日本を攻めるとなれば、高麗がその先棒をすることになる。口では日本は弱国だと言っても、実際には日本は東亜の大国であり強国です。つまり高麗にとっては日本と戦うことには大きなリスクがある。ですから高麗は言を左右にして、日本との戦いを先延ばしにしていたわけです。

業を煮やした蒙古のフビライは、四度目《日本には二度目》の使者として漢人の趙良弼《ちょうりょうひつ》に命じて、日本に赴《おもむ》いて日本との交渉をするように命じました。本来であれば、これは高麗の役目ですから、蒙古からみたとき高麗は属国になったといっても信頼に足る国とはみなされなかったのでしょう。

同時にフビライは六千人の兵を高麗に送り込みました。日本との戦いに備えるため、また高麗に有無を言わせないためです。

六千人の兵を受け入れるというのは、高麗にとってはたいへんなことです。彼らのために土地や人や農耕のための牛を食料として提供しなければならず、このため高麗の人々は草や木を食べて飢えをしのいだと記録に残っています。わずか六千人の兵の駐屯で、そこまで飢えるとは、当時の高麗の状況は推《お》して知るべしです。

太宰府に着いた趙良弼たちは
「天皇や将軍に会わせないならこの首を取れ」と迫りました。
けれど朝廷からも幕府からも、待てど暮らせど返事はありません。四ヶ月滞在した趙良弼はいったん高麗に戻りますが、再び日本にやってきて、今度は一年間日本に滞在しました。この滞在は、戦争準備のための日本の国力調査のためだったと言われていて、趙良弼の報告を聞いたフビライは「大変よくできている」とほめたと記録にあります。

最初の使いから六年後となる一二七四年一月、フビライは高麗に、日本遠征のための造船を命じました。高麗はそのための人夫三万五千人と食糧・材料の木材を出すことになります。このとき高麗では、民衆が労働者として使役され、無理矢理食料を提供させられたりしたことで、またたく間に民衆の生活が苦しくなり、飢《う》えて死ぬ人も多くいたと記録に残されています。

それでも高麗は、わずか十ヶ月の間に大型船三百艘、中型船三百艘、給水用の小型船三百艘、あわせて九百艘の船を作りました。ところが、これがまた問題でした。最近でも韓国が請け負った橋梁《きょうりょう》工事で橋が落ちたとか、できあがった高層ビルが傾いたとか、韓国製品の粗雑さは有名ですが、このことは七百年前の昔も現代も変わりません。高麗は、船を作るのにあたり、頑丈な中国式ではなく、簡単な高麗式の船を作ったのです。

一二七四年十月三日、蒙古兵六千人、高麗兵二万四千人、合計三万の兵を乗せた船が、高麗の合浦《がっぽ》を出発しました。十月五日には対馬、十四日には壱岐に到着し、島民を襲いました。当時の島民の数は、数百人でしたが、そこをいきなり三万の兵が襲ったのです。対馬・壱岐の人々は殺され、生き残った人は手に穴をあけられ、そこをひもで通して船のへりに鎖のように結ばれて吊るされました。壱岐対馬の島民の惨状は、想像するだに恐ろしいことです。

ちなみにこの壱岐対馬への上陸を、彼らがなぜ行ったかには、明確な理由があります。それが「食料調達」です。一部の島民が彼らの船の舷側に吊るされたというのは、食用の干し肉にされていたのです。

人肉食のことを申し上げますと、我が国には人肉食の習慣がないために、いたずらに残酷残忍を思い浮かべる人が多いですが、これは日本が四方を海で囲まれて、人が生きるのに必要な塩分とタンパク質を海から採ることができるという幸運に恵まれているからです。海のない内陸部に住む人達にとっては、その塩分とタンパク質の補給は、人が生きるために不可欠の栄養素で、それらは動物の肉から摂取していました。馬も牛も羊も、塩分とタンパク質補給の重要な食物であり、同様にそれらを食べて生きた人もまた、重要な食料であったわけです。

こうして十分な食料を確保した蒙古軍は、いよいよ十九日に博多湾に集結しました。十月二十日には筥崎・赤坂・鹿原・百道原・今津あたりにも上陸を開始しました。

当時の日本の武士たちは、ほぼ全員が兼業農家です。それまでの日本の国内のいくさというものは、おおむね次のようなものです。「いざ鎌倉」の掛け声で、農家の地主の若様《わかさま》が鎧兜に身を固めて馳《は》せ参じます。

家の人は心配だから若様に、小者四〜五人をつけて出征させます。おおむね馬上の者が武士。その周囲に四〜五人の小者という構成です。

いくさがはじまると、双方の陣地から腕自慢の者が前に出て、

「やぁやぁ我こそは○○県○○村の○×△太郎と申す。腕に自慢のある者は、おであえそうらへ」とやる。

すると敵の陣地からも、同じく腕自慢の男があらわれて、

「我こそは□□村の◇◇と申す。いざや尋常に勝負、勝負〜〜」

と名乗りをあげて、一騎討ちがはじまります。

小者を含めた両軍の全員が見守る前での一騎打ちです。これはいまでいったら、有名人のボクシングやレスリングの試合みたいなもので、ギャラリーとなる観客《この場合は戦いの場にいる武士や小者たち》にとって、名だたる武士の一騎討ちは、当時としては最高の観戦です。双方、全軍あげて、夢中になって応援する。

なんどかそうした勝負が繰り広げられると、戦場の双方の兵士たちの興奮も最高潮に達します。すると双方から敵陣に向けて、石投げ合戦がはじまります。ちなみに日本の鎧かぶとは、弓矢は通すし、槍や刀も、突かれたら、刺さってしまいますが、投石は、よく防ぐ仕様です。

そうした個人試合と投石にはじまって、大将首をあげたらそれで終わりという日本式のいくさに対し、蒙古と高麗の連合軍は奴隷を使った集団戦です。日本の武士が前に出て行って、「やぁやぁ我こそは」とやると、いきなり矢が飛んでくる。

凝《こ》り性の日本人にとって、弓も矢も、凝りに凝った高級品です。当然、弓矢を持つのは馬上の若様たちだけです。しかも手にした武器は、先祖伝来の銘《めい》の入った逸品です。敵の雑兵に向けて弓を射るなんてもったいない、もったいない。雑兵相手には小石で充分です。なにせ小石なら、地面にいくらでも転がっています。地面が黄砂の大陸とは、まったく違った戦い方になるのは当然です。こうしたことを無視して歴史を語ると、無理が生じて歴史が歴史でなくなります。

集団戦術の蒙古軍では、最前線にいるのは奴隷兵です。奴隷兵の命は、ただの消耗品ですから、粗製乱造《そせいらんぞう》した矢を持たせ、雨あられのようにこれを射かけます。戦いの初期には、こうした双方の軍の戦い方の違いに、兵を引いて遠巻きにするしかなすすべがありません。

ところが、一夜明けてみると、蒙古・高麗の連合軍の船が一艘もない。湾内を埋め尽くしていた船が一艘も見あたらない。これが一説によると、第一回蒙古襲来で大暴風雨がやってきて多くの船が沈んだというけれど、日本側の記録である『八幡愚童記』などを見ても、嵐のことは一行も書かれていません。それればかりか

「朝になったら敵船も敵兵もきれいさっぱり見あたらなくなったので驚いた」と書いてい

ます。

何が起きたのかというと、神風が吹いて敵がいなくなったのではなくて、そもそもが様子見に来寇した蒙古・高麗連合軍が、無抵抗だった壱岐対馬と異なり、意外に日本側が武器を持って戦いに臨んだので、驚いて帰っちゃった、というのが真相です。

高麗の歴史書である『東国通鑑』には、夜半に大風雨があったこと、多くの船が海岸のがけや岩にあたって傷んだと書かれているのですが、これはどうやら意外な抵抗を受けて逃げ帰った蒙古・高麗軍が、本国である元に報告する際に記録を捏造《ねつぞう》したのであろうというのが、最近の通説です。なんと、かれらの捏造歴史は、いまにはじまったことではない。以上が第一回元寇である文永《ぶんえい》の役《えき》です。

これに対し本当に神風が吹いたのが、文永の役の七年後に起った一二八一年の弘安《こうあん》の役《えき》です。この七年の間に、幕府の執権北条時宗は、幕府の執権として悩みに悩み、尊敬する蘭渓道隆《らんけいどうりゅう》という日本に禅宗を伝えに来ていた宋のお坊さんに相談しています。

蘭渓道隆いわく、

「宋は蒙古を軽く見て、だらだらと交渉している間に侵略され、国をなくしてしまった」

また蘭渓道隆の後継者である無学祖元《むがくそげん》からは、

「莫煩悩《ばくぼんのう》」という言葉を教わりました。

これは、あれこれ考えずに、正しいと思うことをやりとおせという意味の言葉です。

北条時宗の心は決まりました。日本を守るため、祖霊を守り抜くために、断固戦おうと心に誓《ちか》うのです。こうして北条時宗は、敵がいかに世界を手中に収める大元帝国であろうと、断固として戦い、敵を撥《は》ね退《の》けると決意を固めました。

その決意を固めた北条時宗のもとに、文永の役の翌一二七五年四月一五日、元から杜世《とせ》忠《ちゅう》を正使として、日本に降伏を迫る書簡が届きました。内容は、

「文永の役は蒙古の恐ろしさを知らせるのが第一の目的で早々に撤退したけれど、こんどはもっとたくさんの軍隊を送る。降伏するなら今のうちだよ」というものです。

しかしひとたび「国を守る」と覚悟を決めた北条時宗は、竜《たつ》の口《くち》の刑場で、杜世忠一行五名全員の首を刎《は》ねてしまうのです。さらに見せしめとして、その首を晒《さら》し首《くび》にしました。

この時点で、まだ国内の論は、主戦派と降伏派に分かれていました。戦っても勝ち目がないなら、さっさと降伏して元への朝貢国《属国》となるのが良いというのが、降伏派です。しかしそうなれば、元↓高麗↓日本の順番になりますから、日本は高麗のさらに下位に置かれる国になります。そうなれば、日本から民衆の暮らしを守るための政府はなくなり、政治は民衆から収奪《しゅうだつ》する外国人によって行われることになります。そもそも民の出身である武士に、そのような屈辱は許せるものではありません。実際、高麗国がそうであるように、日本もまた、わずか六千人の外国人を受け入れるだけで餓死者が多発するような国になってしまう。

鎌倉武士団というのは、農家の若様の軍団です。農家を護るために鎌倉武士団があるのです。その農家が、ただ収奪されるだけの農家にならないためには、断固戦うしかない。

前回の文永の役のときには、まだなりたての執権として、老政治家たちの要するを見ることしかできなかった北条時宗も、就任からわずか一年の間に、それら老獪《ろうかい》な政治家たちよりも、日本を護る幕府武士団の執権として、明確な自覚と使命感のもとに、穏健派と呼ばれる老獪な政治家たちが、ぐうの音もでないほどの強い影響力を持たなければならない。

そういうときに、都合よく杜世忠の一行がやってきたわけです。だから、彼らを獄門《ごくもん》さらし首にしました。この事実の前に「もはや開戦やむなし」という選択しか日本に残されなくなったのです。

ところが困ったことに、全員殺してしまったので、肝心の元の側は使者が死んだとわからない。いつまでたっても杜世忠が帰ってこないので、元は翌一二七九年六月に、周福《しゅうふく》を正使とする一行を、再度日本に送り込みました。ちなみに杜世忠も周福も漢人です。やはり高麗は信用されていない。

時宗はこの周福一行も、博多で斬り捨てました。こんどはひとりを生かして帰らせたので、杜世忠と周福が首を刎《は》ねられたという事実が元に伝わりました。これを知った元は、怒りました。「断固日本を討つべし」元の腹は固まりました。

一方北条時宗は、全国の御家人《ごけにん》に命じて、博多に防塁《ぼうるい》を築きました。この工事への参加には、時宗は一切の反論も例外も認めませんでした。

国の大事の前に、ひとたびこうと決まったら、一切の例外は認めない。日頃は言論の自由が保証された国であっても、「いざ鎌倉」というときには、一切の言論の自由は認めない。これが国家の非常時の対応というものです。

平時であれば、自由な言論空間や個人の都合優先……つまり私権の自由で良いのです。けれど一旦緩急《いったんかんきゅう》あるときは、国事が優先となります。そのためにはいっさいの反論も許さないし、当然、私権も制限されます。こうした平時と非常時の使い分けは、社会を営む上においては、絶対に必要なことです。

一二八一年《弘安四年》、元は、范文虎《はんぶんこ》を総大将とする十四万の大軍を博多に差し向けました。対する日本の武士団は、小者《こもの》の数まで入れて六万五千人です。武士だけ《若様たちだけ》なら、わずか一万の軍勢です。つまり兵力でいえば十四倍の大軍を相手に鎌倉武士たちは戦いに臨むことになりました。

大軍に対して寡兵《かへい》で臨むためには、正面攻撃は理にかないません。鎌倉武士たちは、夜陰にまぎれて敵船に火をつけたり、上陸した敵軍の将の首を射るなどの戦法を用いながら、果敢に戦いました。

一方、元軍は、あらかじめ日本軍が用意した防塁《ぼうるい》に阻《はば》まれて、なかなか内陸部までの侵攻できません。戦線は港内で膠着《こうちゃく》状態となりました。

そして運命の七月一日がやってきます。旧暦の七月一日は、いまでいえば八月一六日です。この日、北九州方面を、大暴風雨が襲いました。港をうめつくしていた四千艘の船は、台風のまえに、ひとたまりもなく破壊されました。なんといっても船は手抜きの高麗製です。嵐の前にどうにもならない。

台風が去った翌二日、港には、船の残骸《ざんがい》と無数の蒙古と高麗の兵の死体が湾内を埋めつくしました。当時を記した『八幡愚童記』は、このときの様子を「死人多く重なりて、島を作るに相似たり」と記しています。『高麗史』でも「大風にあい江南軍皆溺死す。屍《しかばね》、潮汐にしたがって浦に入る。浦これがためにふさがり踏み行くを得たり」と書き遺しています。つまり海を埋め尽くす死体の上を歩くことができたほど、死体の数が多かったのです。

その『高麗史』によれば、生存兵は一万九三七九人です。十四万の大軍が、一夜にして二万になってしまったのです。

すっかり戦意を無くした范文虎らは、残った船で宋へ引き上げてしまう。港には、置き去りにされた元の兵士が多数残されます。日本側はたちまち生き残りの元軍兵士におそいかかります。

戦闘は七月七日まで続きました。

捕虜《ほりょ》となった数千の兵士はそれぞれの御家人の生け捕り分を記録後、ことごとく首を刎ねました。残虐ななぶり殺しのような真似は日本人はしません。殺す時は相手が苦しまないよう、いっきに首を刎ねる。殺害したことに抵抗のある人もいるかもしれないけれど、放置をすれば彼らはあちこちで日本の民間人を殺して食べるのです。壱岐対馬での彼らの残虐行為を考えれば、当時の日本軍のやり方は、紳士的にすぎるといって良いと言えます。

今でも博多周辺には蒙古塚とか首塚と呼ばれる場所が残っていますが、これらは当時元軍兵士の首を埋めた場所です。埋めた遺体には、日本はちゃんと供養までしています。この供養のために行われたのが、いまも残る「踊り念仏」です。

さて、こののちのお話です。最近の歴史書では、鎌倉幕府は、弘安の役に対する御家人への恩賞が不十分だった《外国からの防衛戦だったために、恩賞を与える土地がなかった》ことから、「鎌倉幕府は、外国からの侵略は防げたが、御家人の生活を守れなかった。このため鎌倉幕府は御家人たちの不満が募り、滅亡した」などと書いているものがあります。

全然違います。鎌倉幕府の滅亡は、一三三三年で、弘安の役の五十二年後です。幕府は源家から足利家に移るけれど、その後一八六八年の明治政府樹立まで、日本は五百年を超す武家政治の時代が続いています。なるほど鎌倉幕府は滅んだけれど、征夷代将軍が交替しただけで武家政治は続いています。このことが証明しているのは、つまり武家を施政者として認める風潮が我が国に定着した、ということです。いいかえれば、元寇によって日本国内では、武家の信用が格段に増したのです。「文永の役」と「弘安の役」、この二つの日本史上の大事件は、わずか一万の武家で十四万の大軍と対峙し、これを打ち破って国を守ったという事実を、東北地方の「モッコ」の怖さの伝説同様、武家というものが国を守る誇り高き志士たちであるという認識を深く日本人の心に刻んだ事件であったのです。

最後に、蒙古のフビライが日本に送ってきた書簡（文永の役の前のもの）の口語訳を掲載します。

是非、ご一読してみてください。

◆大蒙古国・国書

天に守られている大蒙古国の皇帝から日本国王にこの手紙を送る。

昔から国境が接している隣国同士は、たとえ小国であっても貿易や人の行きなど、互いに仲良くすることに努めてきた。まして大蒙古皇帝は天からの命によって大領土を支配してきたものであり、はるか遠方の国々も代々の皇帝を恐れうやまって家来になっている。例えば私が皇帝になってからも、高麗が蒙古に降伏して家来の国となり、私と王は父子の関係のようになり喜ばしいこととなった。

高麗は私の東の領土である。しかし日本は、昔から高麗と仲良くし、中国とも貿易していたにもかかわらず、一通の手紙を大蒙古皇帝に出すでもなく、国交をもとうとしないのはどういうわけか？

日本が我々のことを知らないとすると困ったことなので、特に使いを送りこの国書を通じて私の気持ちを伝える。

これから日本と大蒙古国とは、国と国の交わりをして仲良くしていこうではないか。我々は全ての国を一つの家と考えている。日本も我々を父と思うことである。このことが分からないと軍を送ることになるが、それは我々の好むところではない。日本国王はこの気持ちを良く良く考えて返事をしてほしい。

至元三年八月（一二六六年・文永三年）

相互に仲良くしようといい、一通の国書をも送らないとささいなことでケチをつけ、すべてをひとつの国であるなどと調子のいいことを言い、元を父と思えと都合のいいことまで言いながら、その一方で言うことを聞かないのなら軍を送るぞと、脅かしています。これは、いまの中共などの対日外交姿勢と同じです。

元寇において、日本は元を強大な国家と知って断固戦いました。そのおかげで、いまのわれわれがいます。先の大戦と同じです。私たちの祖先は、私たちの国を守るために、何十倍もの兵力を持つ相手と、必死に戦ったのです。

また、文永の役では実は神風が吹かず、弘安の役で神風が吹きました。そこに大切な事柄があります。

当時、ただ動揺するだけの朝廷や、幕府の閣僚に対し、北条時宗は元の使者を切り捨てることで、明確に「戦う意思」を示しました。このため彼は、当時の多くの平和派、戦争忌避《きひ》派の人たちから、反対と怨嗟《えんさ》の声を浴びました。それでも北条時宗は、断固として「戦う意思」を示しました。

弘安の役で、もし日本が戦うという選択をしなかったのなら、元の大軍は、易々《やすやす》と上陸を果たしていたことでしょう。そして上陸していたならば、彼らが台風で壊滅することもなかったことでしょう。つまり何を言いたいかというと、元寇における真の「神風」は、「台風ではなく北条時宗の決断そのものだった」のではないかということです。時宗そのものが

「神風」だったのです。そしてその堂々とした決断に、日本の八百万《やおろず》の神々が、台風をもって答えてくれたのです。

その後の歴史は、元も高麗も、元寇のあと、内乱に次ぐ内乱が起こり、元は明に滅ぼされ、高麗は李氏朝鮮に統治が変わり、とりわけ李氏朝鮮は、国民にとっての収奪国家としてその後の半島の発展を四百年間の長きにわたって失わせています。日本に手を出した国は必ず滅びるのです。

四　南北朝時代の始まりと後醍醐天皇

1　後醍醐天皇の倒幕運動

戦前までは学校の教科書で紹介され、大楠公と並び称される忠臣として誰もが知る日本の常識でありながら、戦後はまったく存在自体をかき消されてしまった人に、児島高徳《こじまこうとく》がいます。児島高徳は、鎌倉時代後期にあたる、正和元（一三一二）年、備前の国（いまの岡山県東南部）の児島郡の人です。

元弘二（一三三二）年、鎌倉幕府はすでに財政が破綻状態に至っていました。幕府というのは、いまでいうなら行政府の中心のようなものですが、行政が財政破綻に陥《おちい》ると、公共事業が全面的にストップします。いまなら、上下水道のメンテナンスが行われなくなり、上水道の貯水タンクは掃除されなくなって、水が汚れ、汚れた水の検査も行われず、下水も排水処理が行われませんから、下水道がヘドロでふさがり、道路は補修されませんからデコボコ道となり、道路の白線もすり切れて消えたまま放置されます。公営の病院も廃館となり、入院患者は放置されます。論功行賞《ろんこうこうしょう》も行われず、もちろん公務員の給料も払われません。公的サービスが停止しますから、年金や恩給も支払われず、公共工事も全面ストップ。警察も行政のうちですから、警察機能も停止します。また災害発生時の消防活動も停止、被災地への食料支援や、災害の復興工事も全面的に停止します。財政破綻《ざいせいはたん》というのは、実はおそろしい事態なのです。

鎌倉幕府は、相続制度が源氏の制度そのもので、財産は子たちに均等配分するという仕組みでした。当時の財産は「田んぼ」でしたから、田んぼを等しく分けるという意味で、これを「田分《たわ》け」といいます。「このたわけ者めがっ！」の「たわけ」です。

相続の均等配分制度は、いまの日本の民法の相続制度とほぼ同じものです。この制度のもとでは、いかなる大金持ちであったとしても、七代経過すると、誰もが貧乏になります。広大な田んぼであっても、分割相続を繰り返せば、最後には相続した田んぼでは、飯を食べていくことができない耕地面積になってしまうからです。

財政破綻にひんした鎌倉幕府は、そこで何度か徳政令《とくせいれい》を強行し、御家人達の借金をゼロにしました。しかしこれは今風に言うなら、御家人たちを強制的に全員自己破産させるようなものですから、御家人は社会的信用を失い、いっときは借金から免れても、次にはもっと生活が苦しくなります。

そして御家人達の生活破綻は、実はそのまま御家人達が行う庶民への行政サービスの停止を招きます。

そこに大地震が起こりました。

震災が発生しても、御家人にも幕府にも、被災地支援を行うための財政の裏付けがありません。結果、庶民の間に飢饉《ききん》が起こり、多くの人が死に至りました。ところが人が死んでも埋葬する行政サービスが機能していませんから、街中いたるところに腐乱屍体《ふらんしたい》が転がるようになりました。腐乱屍体には蝿《はえ》がたかり、ウジがわき、大量の蝿がそこから飛び立ち、伝染病を誘発させます。これによって、ますます多くの人が亡くなります。本来であれば被災地が飢えることがないように、お米を分け与えるのが幕府の役目ですが、そうした行政機能自体が、すでに麻痺していたのです。

こうした事態を受け、ひとり立ち上がられたのが第九十六代後醍醐天皇《ごだいごてんのう》です。「もはやこれ以上、財政破綻に陥った幕府に政治を委ねるわけにはいかない！」後醍醐天皇は、倒幕のための準備を進めていきます。

後醍醐天皇は、ひとつ大きな問題を抱えていました。それは実は後醍醐天皇よりも、ずっと前の第八十八代後嵯峨天皇《ごさがてんのう》の時代のことです。もともと皇統は、第四十一代の持統天皇《じとうてんのう》の時代に、もっとも霊統の濃い男系男子の長子が、機械的に次の天皇になると決められていたのです。これは、皇位をめぐって血で血を洗う争いが起きないようにするためです。

　ところが鎌倉時代、源氏の将軍が頼朝、頼家、実朝の三代で絶えてしまったため、四代将軍、五代将軍と摂関家である藤原家から将軍を迎えていたのです。これを「摂家将軍《せっけしょうぐん》」といいます。ところが次の六代将軍を決めるとき、幕府の北条時頼《ほうじょうときより》が、次の将軍に後嵯峨天皇《ごさがてんのう》の長男を求めたのです。

　こうして生まれた将軍のことを「宮将軍《みやしょうぐん》」とか「一品将軍《いっぽんしょうぐん》」と言います。「一品《いっぽん》」というのは、御皇族に対してのみ与えられる律令制のもとでの最高位です。

　ところがこのことは、「霊統上位の長男が次の天皇となる」という古代からの慣習を破り、その（本来天皇になるべきはずの）長男が、鎌倉将軍職に下るということを意味します。次の天皇は、もちろん次男の後深草天皇《ごふかくさてんのう》です。ということは、次の次の天皇は、後深草天皇の子という順番になるはずです。

　ところが、そうなると鎌倉に下った長男は面白くない。なぜなら本来なら自分の子が天皇になったはずだからです。

　その怒りを逸《そ》らすために、後深草天皇《ごふかくさてんのう》の子にあとを継がせず、後深草天皇の次に三男の亀山天皇《かめやまてんのう》が御即位されました。つまり親子ではなく、次男、三男が皇位を順に継いだのです。

しかしそうなればなったで、ではその次の天皇に誰がなるかが問題になります。
鎌倉将軍となった長男の子か
次男の子か《これを持明院統《じみょういんとう》といいます》
三男の子か《これを大覚寺統《だいかくじとう》といいます》
結局、話し合いの結果、以後の天皇は持明院統と大覚寺統で、交互に皇位に就くということで、とりあえずの決着をみるのですが、さらにそのまた子《つまり孫》の世代になると、皇位継承権者がもっと増えてしまうのです。次の世代で四人、その次には八人、次は十六人……。順番に皇位を交互につぐとはいっても、これはおよそ不可能なことです。
もともとそういう問題を抱えているところに後醍醐天皇がおいでになったわけです。後醍醐天皇は、右の三男の血筋、つまり大覚寺統です。
後醍醐天皇の鎌倉幕府倒幕の協議は、通報があって六波羅探題《ろくはらたんだい》に知られるところとなり、関係者は全員逮捕、後醍醐天皇は隠岐島《おきのしま》に流罪、次の天皇は、幕府の推薦によって光厳天皇《こうごんてんのう》が即位されます。
しかし、これもまた問題だったのです。そもそも後醍醐天皇は、我が国のスメラミコトであり国家最高権威です。その最高権威を、天皇の臣下である将軍が逮捕し流罪にしてしまったわけです。

「これはとんでもないことだ！」と怒る武士たちが大勢いたのです。

２　児嶋高徳による後醍醐天皇奪還

そのなかのひとりが児嶋高徳で、児嶋高徳は隠岐島に流罪となって護送される後醍醐天皇をなんとか奪回《だっかい》しようと、二百の決死隊を率いて護送団を追います。けれど護送団がどうしても見つからない。そこで児島高徳は、せめて志だけでも伝えようと、杉坂峠の天皇の宿所の庭の桜樹の幹を削って、十字の詩を書きました。それが、

天莫空勾践
時非無范蠡

という漢詩です。意味は、「天が古代中国の越王・勾践を見捨てなかったように、このた

びのことでも范蠡《はんれい》の如き忠臣が現れて、必ずや帝をお助けする事でしょう」というもので、この話は忠臣児島高徳の故事《こじ》として、戦前は学校の教科書でも紹介され、日本人なら誰もが知る「日本の常識」となっていました。

文部省唱歌もあります。尋常小学唱歌第六学年用に掲載されているもので、

♪　船坂山や杉坂と、
　　御あと慕ひて院の庄
　　微衷をいかで聞えんと、
　　桜の幹に十字の詩
　　天勾践《こうせん》を空しうする莫《なか》れ。
　　時范蠡《はんかい》無きにしも非ず

とっても難しい漢字がいっぱい使われている歌詞ですが、こうした歌が唱歌として歌われ、小学生でさえ、その意味をちゃんとわかっていたというのは、実にすごいことだと思います。現代の教育とはずいぶん違いますね。大切なことは、子たちに単に漢字の意味がわかるかわからないかということではなく、こうした歌を幼いうちに覚えれば、長じてその意味がわかるようになったときに、社会の役に立つ、まさに「大人になる」ということです。そのときに意味がわからなくても、ずっと後年になって意味がわかるということは、数多くあるものです。

児島高徳の漢詩にある勾践《こうせん》というのは、中国の故事に出てくる越王のことです。勾践は、古代中国の春秋戦国時代の越王で、隣国の呉の王の闔閭《こうりょ》を破ります。闔閭の子の夫差《ふさ》は、お家再興を誓い、毎日寝苦しい薪《たきぎ》の上に寝て、悔しさを忘れないようにしました。これが「臥薪嘗胆《がしんしょうたん》」の「臥薪《がしん》」の逸話です。

再起した呉王の夫差は、見事、越王勾践を会稽山《かいけいざん》で打ち破ります。敗れた勾践は、愛する妻を夫差に妾《めかけ》として差し出すという屈辱を受けます。このときの悔しさを忘れないようにと、「勾践」は野良仕事の毎日の中で、いつも苦い「胆」をそばにおいて、これを噛み、「会稽山の恥を決して忘れない」と誓い続けます。そして努力を重ね、ついには夫差を滅ぼす。これが「臥薪嘗胆」の「嘗胆《しょうたん》」の逸話です。

勾践には、信頼する部下がいました。それが范蠡《はんれい》で、范蠡は、敗戦の屈辱を受け、何もかも失った越王勾践に富めるときも貧しいときも常に変らぬ忠誠を誓い続けて勾践を守り続けます。そして勾践が決起したとき、見事夫差を討ち滅ぼしています。この逸話が、「会稽《かいけい》の恥をすすぐ」という忠臣物語です。

つまり児島高徳は、自分を「范蠡《はんかい》」になぞらえて、気持ちを後醍醐天皇に伝えようとして、上の漢詩を書いたわけです。ところが桜の木に書かれたこの文字を見つけた鎌倉の後醍醐天皇護送団は、誰ひとり、詩の意味がわからない。

実際はどうだったのかはわかりませんが、『太平記』は、後醍醐天皇を支えた反鎌倉方の忠臣となった武士たちを、非常に教養の高い武士たちとして描写しています。おそらく、我が国が天皇の知らす国であることを、教養として身に付けているのかいないのか。そのことが、後々の世まで影響する大事であるという基本認識のもとに『太平記』が書かれているからであろうと思います。

いま日本は、建国以来の危機にあると言われています。その日本を守り救うのは、我が国の歴史伝統文化の中に根付いてきた本来の日本の形を常識化することにあります。ただ外国批判や、国内の一部政治勢力批判だけでは、決して国は変わりません。古いものと新しいものを融合し、よりよい日本を築いていくこと。そのために必要なことは、幅広い知識を得ることであろうと思います。

3　田分けと田寄りの新政権

国体とは、天皇を中心とした秩序のことです。ですから国体が乱れると、日本の秩序も乱れます。実は、日本の世界で最も古くて長い歴史を持つ国が、この国体に基づく秩序を乱した時代が、これまでの歴史の中で二回あります。それが、応仁の乱の前後の百年と、大東亜《だいとうあ》戦争《せんそう》終戦からの七〇年です。この両者が国体を乱しているということは、長い日本の歴史の中で、ご皇室の祖を祀り、ご祭神が日本の最高神である天照大御神である伊勢神宮の式年遷《しきねんせん》宮《ぐう》が、この二つの時代だけ、国費《官費》をもって行われなかった時代であるということから特定できます。他の時代、たとえば江戸時代なら、式年遷宮は（もちろん民間からの寄進もありますが）、基本、その費用は徳川幕府が供出しています。

応仁の乱《一四六七〜一四七七》からはじまる戦国時代というのは、その前期は、とりわけ酷《ひど》い時代でした。いまでも家柄の残る当時屈指の大大名《後の世に総理まで出した家柄》の家老クラスの大幹部が、郎党を引き連れて、高級貴族《いまでも家柄が残っています》の屋敷を襲って、その御息女の着ている着物まで丸裸に剥《は》がして持ち去ってしまったなどという事件が公然と起こった時代です。貴族たちの荘園は野盗によって強引に奪《うば》われ、荘園は税も納《おさ》められなくなり、とにかく力さえ強ければ、財力がありさえすれば、何をやっても許されるという時代でした。もっとも襲われた貴族の家のご息女は、着衣を奪われただけで強姦はされていません。そういうところにはまだ高い民度の欠片《かけら》が残っていたといえるかもしれません。

そんな価値観や秩序の乱れた戦国時代が何故できたのでしょうか。当時の政権は足利政権ですが、足利政権は、前節で述べた鎌倉時代の「田分《たわ》け相続」を大幅に修正することで成立した政権です。

こうした社会的混乱の中に南北朝の争いがあり、その勝者となった足利尊氏《あしかがたかうじ》が開いた政権が、足利政権でした。

土地は、統合されて広くなることで高度な活用が可能になります。そこで足利政権を開始した足利尊氏《あしかがたかうじ》は、均等配分方式で細分化された土地を、いまでいう各県、昔のクニごとに、大名主をひとりおくことで、すべて統合させました。これによって人々が安心して暮らせるようになるわけです。

ところが足利幕府は、秩序の回復のために全国の土地を武士たちに再配分しすぎた結果、足利政権自体の知行地を極端に減らしてしまいます。

将軍職の維持には、莫大な歳費がかかります。そこで困りきった三代将軍足利義満《あしかがよしみつ》のときに開始となったのが、日明貿易《にちみんぼうえき》です。土地がなくても、交易をすれば莫大なカネが転がり込んでくるからです。しかしこれを行うためには、足利将軍は明の皇帝から冊封《さくほう》を受けなければなりませんでした。つまり明国に対する朝貢国となることで、交易を行う許可を得ようとしたのです。

こうして足利義満は、「日本国王」を名乗ることになりました。一四〇四年のことです。

つまり足利義満は、カネのために、将軍という天皇に親任された政治権力者の地位にありながら、自ら天皇の権威を（結果として）否定し、天皇を中心とした秩序ではない、華夷秩《かいちつ》序《じょ》を日本に持ち込んでしまったわけです。

日本のすべての秩序は、天皇を中心に形成されています。足利義満は、結果としてこれを一部否定しました。ということは、政治権力者自身が、「権力（力）さえあれば、秩序なんてどうだっていい」と自ら宣言したようなことになってしまいました。

先に申し上げておきますが、足利義満は、足利幕府の財政を根底から立て直すことに成功し、さらにお能を保護することで武家文化を開花させた、たいへん優秀な、尊敬に値する将軍です。ただそのために、将軍は天皇の部下でありながら、同時に明国皇帝の部下にもなるという、ある意味スタンドプレイを行った将軍でもあったわけです。

我が国は、政治権力の上位に天皇という国家最高権威があることが古代から続く国柄です。ところがここで日本には天皇と、日本国王という二つの柱が出来てしまいました。つまり伝統的権威が否定されてしまったのです。伝統的権威が否定されるということは、秩序が否定されるということです。この結果、我が国では、カネや武力さえあれば、何をやっても許されるという時代を招いてしまったのです。

こうして世の中は応仁の乱に突入していきます。応仁の乱は、何故起きたのか、いまだに謎とされていて、兄弟喧嘩が原因だという学者さんもいますが、いまいち説得力に欠けているようです。ただ、応仁の乱が始まったのが一四六七年です。これは、足利義満が「日本国王」の冊封を受けてから六十三年目にあたります。戦後の日本で民主党政権が誕生したのが終戦から六十四年目の出来事です。すでにその前年から、政権交代ブームになっていたことからすると、事実上六十三年と言ってもよいかと思います。

民主党政権は三年で頓挫《とんざ》しましたが、応仁の乱は、その後、まる十年続きました。京の都は灰燼《かいじん》に帰し、全国の主だった都市も、焼け野原になりました。田畑《定職》を失った人々が、武者《フリーター》となって、全国を徘徊《はいかい》しました。彼らが民家を襲い、食べ物や女を奪うと、治安維持のために当初は武家が出動していたのですが、後にはその武家が先頭を切って土地を奪うようになっていったのです。

襲われた人々は、当初は寺に逃げ込みました。けれどその寺さえも武者たちに襲撃されるようになっていきました。挙句《あげく》の果てが、皇居の中にまで難民たちがダンボールハウスならぬ掘っ建て小屋を建てて、まるで東日本大震災の避難所生活さながらに難民生活を送るようになりました。けれどその避難所さえも、武者たちによって狩り出され、追い立てられました。

こうして世は戦国時代へと突入していきました。

この戦国時代を終わらせたのが、弾正《だんじょう》の家柄に生まれた織田信長《おだのぶなが》でした。信長は、織田信秀の息子で、幼名を吉法師《きっぽうし》と言いました。少年時代の信長（吉法師）は「大うつけ」と呼ばれた、早い話が大馬鹿者で、奇抜な服装をして、領内を駆け回り、奇行の目立つ子でした。

父の信秀は、今川氏を破った豪勇で知られた人で、経済的にも軍事的にも成功し、またお伊勢様の式年遷宮に際して大枚《たいまい》を献上し、また朝廷へも内裏の修繕費を献上するなど、皇室尊崇の念の強い偉大な人でした。それだけに、嫡子《ちゃくし》の吉法師が、お家のことも、お国のことも何も考えない、いまでいう「できの悪い不良息子」であったことは、家臣一同の抱える大きな悩みのひとつとなっていました。
「信長様の時代になったら、織田家もおしまい」
これは、当時の家臣一同の、共通の思いであったようです。

父の信秀が亡くなったあと信長が家督を継ぐのですが、信長にはまるで殿様としての自覚がない。これを諫《いさ》めるために、宿老の平手政秀《ひらてまさひで》が自害までしたのは、信長が家督相続をした翌年のことです。信長があまりに出来が悪いことから、領内では、信長を引退させて、弟の信勝を擁立しようという動きもでますが、そこは筋を大切にする尾張の人たちのこと、いくら馬鹿でも筋は筋、ということでこの争いは信長の勝利に終わります。

そんな折、駿河の今川義元《いまがわよしもと》が、京の都上洛のため、大軍を動かします。都への上洛ということは、次期将軍職もしくは太政大臣職を得る、ということを意味します。当時の今川義元の勢力は大きく、尾張織田家と今川家では、その力はダンプカーと原動機付自転車の違いほどもありました。

信長の父の代には、今川家の尾張進出を跳ね返していたのに、いまでは今川家に従うのか。

今川家は、足利将軍家の分家の吉良家（後の吉良上野介《きらこうずけのすけ》の家）の、さらに分家です。要するに分家の分家であるわけで、そのような下賤な者が、単に財力があるからとか、強大な軍事力を持つからといって、将軍職もしくは太政大臣職を得る。それは、力さえあれば、世の中の道理を曲げることができるということを認めることでもあります。

本来ならば、そのような不条理を断じて許さず、一刀両断のもとにそのような不埒者《ふらちもの》を切り捨てるのが、弾正忠《だんじょうちゅう》の家である織田家の役割です。

「信秀様の時代には、絶対に赦さなかったのになあ。いまの信長様では、なんとも……」

というのが城内の気分でした。

ところが信長は、ここでにわかに弾正忠の家柄に目覚めるのです。

「俺は今川を赦《ゆる》さない。戦うぞ」と言う。家臣一同びっくりです。そんなびっくりしている家臣の前で信長は、謡曲の「敦盛《あつもり》」を唄い、舞います。「敦盛」は、「男子たるもの、たとえ敵わぬ相手、負けるとわかっている相手であっても、戦うべきときには戦わねばならぬ、どうせ人生、長く生きても五十年。夢や幻のようなものなのだから、そのなかでせめて一太刀、真実の刃を残して死のうではないか」といった謡曲です。


この歌と舞が行われている間に、家臣一同は信長の心を見ます。

ようやく我らが大将が、弾正の血に目覚めてくれた。

ようやく我らが大将が、本物の男になってくれた。

ようやく我らが大将が、我らの本物の大将になってくれた!!

こうして家臣一同は、死を覚悟の一団となります。ただ命令されて付いてきているだけの兵と、死を覚悟の一団では、その戦力差は歴然です。そんな家臣を引き連れて、信長は桶狭《おけはざ》間《ま》で昼休み中の今川義元を急襲して、倒します。


この噂は、またたく間に全国に広がりました。戦国乱世を終わらせるためには、あらためてご皇室を中心とした天下を開く必要がある。そう思っていた全国の名だたる武士たちは、信長が律令時代に定められた弾正の職にあり、父の信秀が皇室尊崇者であったこと、そして息子の信長が弾正家としての筋を通したことを好感し、続々と信長のもとに集まってきました。

当時の武士というのは、半農半武です。日常は農業をして暮らし、戦は農閑期にのみ行うものでした。あたりまえのことです。人は食べなければ生きていくことができないのです。だから武士は自給自足でした。ところが信長のもとでは、困ったことが起きました。新たに信長のもとに集ってきた武士たちは、国を捨てて集ってきたのです。農地を持っていないから、自給自足できないのです。

そんな食客を大勢抱えるようになった信長は、そこで城下の市場にあった市場に目を付けます。この時代、市場は親分衆がいて、いまでいう「みかじめ料」を商店から取って、贅沢な暮らしをしていました。そこで信長は、軍団を利用して、そうした親分衆を追い出すと、そのみかじめ料にあたるものを、直接信長に税として収めさせるようにしたのです。

これが楽市楽座です。

当時は、まだ貨幣経済が浸透していませんから、税は、大根や菜っ葉やお米で物納です。そしてそれらは、そのまま食客たちの食い扶持になります。また、市場では、それまで力関係で決まっていたみかじめ料が、税として一率となったため、誰もが安心して商売に精を出すことができるようになりました。

こうなると、人口が増えた尾張で商売をすれば、誰もが儲けることができるということで、続々と尾張城下に商人たちも集まります。町は活気づき、人口も増え、税収も増え、織田家お抱えの武士団も増えていきました。そしてこの武士団は、農繁期でも戦うことができるという全国ではじめての武士団となっていったわけです。

信長は、こうして二十四時間三百六十五日戦い続けることができる軍団を率いて、天下を統一していきます。

それは、弾正として、私腹を肥やし、天皇のおほみたからである民衆の暮らしを顧《かえり》みない戦国大名たちとの戦いでもありました。いわば、自分たちだけが贅沢できれば良いとするグローバリストたちと、民衆の正義との戦いのようなものであったわけです。

信長の最後の大仕事は、武装した仏教勢力との戦いでした。この時代、仏教勢力は武装し、場合によっては国を滅ぼし、自分たちで政権を営む、つまり仏教帝国を作ったりもしていました。このことは、国を分断する行為です。

一方この時代、欧米列強の圧力が東亜諸国に達していました。日本が、諸国に分断された状態にあれば、またたく間に日本は欧米諸国に分断統治され、植民地化されてしまうことでしょう。それを防ぐためには、当時、どうしても国をひとつにまとめる必要がありました。そしてそのときに、もっとも大きな障害となるのが、仏教勢力であったわけです。

このことは、仏教そのものを否定するものではありません。教えは良いのです。けれど仏教徒が武装し、腐敗し、堕落《だらく》し、女犯の罪に穢《けが》れながら、毎日宴会をして酒池肉林《しゅちにくりん》におぼれていることは、これは赦《ゆる》されるべきことではない。こうして信長は比叡山延暦寺、本願寺攻めを敢行し、仏教寺院への武装解除を成功させます。

けれど、そうなればなったで信長は仏教勢力から、第六天の魔王として、あるいは仏敵として、常に付け狙われることになります。これは、国内にテロリストのグループを養うのと同じことです。

そこで一計を案じて実行されたのが、本能寺の変だという説があります。

どういうことかというと、まず武闘派仏教勢力の一切の恨みを信長ひとりに集中させる。その準備が十分に整った《信長ひとりに恨みと攻撃対象が完全に集約された》ことを確認したら、次に明智光秀《あけちみつひで》が本願寺で信長を討つ。このとき信長は、部下に裏切られ、地獄の業火に焼かれて死体さえも残らないという演出をする。これにより、仏教勢力は攻撃対象を失い、矛を収めることになる。

また信長を討った光秀も、討伐されることで、武家の筋も守られる。その後は農民あがりの秀吉が、信長の後継者となることで、民衆に、誰でも努力をすれば出世できるとの夢を与え、かつ、全国の圧倒的多数を占める農民たちの政権への支持を集める。これによって、天皇とおほみたからの日本の国柄を一気に取り戻す。このとき秀吉は、必要な財力を、天下の台所と呼ばれる大阪で、信長式の楽市楽座を行うことで手に入れる、としたわけです。

秀吉は太閤検地と刀狩りを実施していますが、これは秀吉が農民の出身者であり、農家に圧倒的な支持を得ていたからこそ実現できたことです。なぜなら武門の家や貴族の家が行えば、収奪行為と言われてしまうからです。

秀吉の行った大阪経済体制は、実に徹底したものでした。鉄にせよ銅にせよ、金銀にせよ、お米などの農産物にせよ、原産地が直接、それらを販売するよりも、もっとも経済的繁栄のある大阪に物産を持ち込んだ方が、高値で売ることができるようにしました。こうして原産地の産物は、すべて大阪に集められ、大阪で入札によって、もっとも高値を付けた者が、それを買い取って国に持ち帰り、加工して製品にします。

できあがった製品は、ふたたび大阪に持ち込まれ、そこでもっとも高値を付けた流通業者に販売され、全国に製品が散って行きました。

つまり秀吉は、すべての経済と物流活動を大阪に集中させ、その大阪商人に一定の税をかけることで、これを豊臣家の財源としたわけです。
　このことによる成果は見事なもので、秀吉の時代には、国の借金などというものは存在せず、誰もが好景気、高収入を得ることができるという、たいへん活発な経済の大成長を実現させています。

　一方、秀吉の命令によって、危険人物として箱根の山の向こうに飛ばされたのが、家康です。当時の関東は、いまのような広大な平野部ではなく、満潮のときには海になり、塩が引けば地面が露出するという、広大な湿地帯です。言い換えれば、たいへん貧しい土地でした。しかも関東には、坂東武者の血を引く乱暴者たちがたくさんいて、これらを従わせるだけでもたいへんな労力がかかります。つまり……家康は秀吉によって、その経済力、軍事力を大幅に削がれるという事態となったわけです。

　ところが家康は、江戸に入府したあと、河川を利用して兵の機動力を発揮して、またたく間に関東全土を征圧。
　それだけではなく、もともと関東以北が金銀の一大産地であったことに目を付け、金銀銅の鉱山の発見に力を注ぎます。実は、これが大当たりする。なんと家康は、佐渡の金山、石見の銀山を発見するのです。この両者の埋蔵量は、それまで我が国で採掘された金銀の総量を上回るとまで言われました。

ところが……ここにまた問題がありました。当時の秀吉による大阪一極集中経済体制のもとでは、せっかく金銀の鉱脈を発見しても、その売却をするためには、すべて大阪に採掘した金銀を持ち込まなければなりません。現時点で市場に出ている金と同量の金が採掘され、大阪に持ち込まれれば、それは単純に金の相場を下げるだけのことになってしまい、家康にとっては何の旨味もなくなってしまう。

関東は、土地が低いし、荒川、利根川、多摩川といったすさぶる川が流れ込み、台風が来るたびに何もかもが流されてしまうという土地柄です。そこを拠点として江戸に城や町を築くためには、河川の堤防工事などに莫大な費用がかかる。その費用を捻出するのに、佐渡の金山、石見の銀山は、とても有効だけれど、これを大阪に持ち込んで相場を下げてしまったら、なんにもなりません。

　ということは、大阪経済を活かしつつ、江戸で別な経済体制を敷く必要がある……というわけで、大阪への経済一極体制を覆すために行われたのが、関ヶ原の戦いです。そして関ヶ原で勝利した家康は、ここで堂々と、佐渡の金山、石見の銀山の発見を天下に向かって発表します。こうして、大阪の相場で、採掘した金銀を両替し、関東の水害対策工事や、江戸の街づくり、江戸城の建設等を実現して行ったのです。

　以上が、歴史の流れのひとつの見方です。証拠になるものは、さまざまなものがありますが、それは皆様で発見いただけると良いでしょう。

ただ、ひとつ重要なことは、家康が行ったこの大阪一極集中経済体制の打破という大偉業は、言ってみれば、アフリカの資源国が団結してヨーロッパの商業資本を打倒した事件のようなものだ、ということです。その意味で、家康の行ったことは、世界史に残る、あるいは人類史に残るべき大偉業といえるのです。

　家康の時代は二百六十年、徳川政権として続きました。家康は、巨大な財力と軍事力を手に入れましたが、自らの王国を作るのではなく、あくまで天皇の部下として、天皇のおほみたからたちが、豊かに安心して安全に暮らすことができる国を目指しました。おかげで日本は、欧米の植民地にされることもなく、平和と繁栄と手に入れることに成功しています。そして、何よりも生産者が第一、現場で汗を流す人が一番偉いという哲学を、完全に日本に定着されることに成功しています。

以上のお話は、従来の歴史の見方を否定しているわけではなく、他にも上に述べたような見方もある、ということを申し上げています。複眼的思考によって、従来の価値観に縛られずに、自由に学問を追求することこそ、「よろこびあふれる楽しい国」の学問なのではないかと思います。

こらむ　異説のもつおもしろさ

ここで異説のもつ面白さについて、すこし触れてみたいと思います。

ホツマツタヱや竹内文書《たけうちもんじょ》、九神文書《くかみもんじょ》など、我が国の歴史には、さまざまな伝承があります。これによって、たとえば女性神とされている天照大御神は、実はアマテルという名の男性神だったなどと説かれます。だから『日本書紀』は間違いだというう。

けれど、実際に過去に戻って事実を見てくることは、タイムマシンがない以上、できないことです。ですから我々は書かれたものを頼りに、過去を手探りしてくしかありません。そして書かれたものというのは、そこにかならず意図があるものですし、日本文化においては、「〇〇と日記に書いておこう」というように、書かれたものは建前《たてまえ》であって事実は別なところにある、といったことも頻繁に起こります。人の和をたいせつにする国柄ですから、事実は伏せて、記録にはこのように書いておこうなどということは、人に情があれば、普通に起こることなのです。

ただその場合、書く人、つまり記録を付ける側の人は、必ず、本当の事実がわかるように「手がかりをのこしておく」ということが、ルールです。ルールというよりも、結果として必ずそうなるものといえます。なぜなら、事実と異なること、つまり嘘《うそ》には、必ずほころびがあるからです。別な言い方をすると、それが論理矛盾です。ですから、書かれていることとの論理矛盾を、しっかりと読み解いていくと、実際にあったであろうことがそこからくっきりと浮かび上がってきます。

歴史をなぜ学ぶのかといえば、単に「楽しいから」ということもありますが、同時に、過去の事実を学ぶことで現在を生きる知恵を授かり、未来の扉《とびら》を開くことができるからです。歴史は繰り返すものですから、過去の事実を知ることで、現在の難局を乗り越える力が生まれるし、これからどうしたら良いかも明らかになってくるのです。

そして日本の歴史の場合は、さらに「なぜ、どうして?」と歴史の記述に対して常識を働かせて疑問を持つことで、さらにその奥に隠された真実に迫ることができます。こうすることで得られる知識や知恵は、実際に過去に何が起こったのかよりも、現代を生きるうえで、実ははるかに重要な知見になります。

右に、過去に戻って事実を見てくることはできない、と申し上げましたが、世の中というのはおもしろいもので、過去世の記憶を明確に持つ人がいたりします。私の友人のＫさんは、まさにそういう人で、実際に持統天皇《じとうてんのう》の時代に、舎人《とねり》として、持統天皇の近習として朝廷で勤務していた頃の記憶を明確にもっているのだそうです。

その方のお話を、すこしご紹介します。かなりびっくりする内容です。

＊

持統天皇は、当時はサラヒメミコと呼ばれていました。髪は金髪で目は碧眼《へきがん》、色は白く現代の目で見ても美しい方でした。当時の日本は海路で様々な民族が流入しており、混血が進み隔世遺伝《かくせいいでん》により様々な外見をした人々がいたたため、サララヒメミコも異形《いぎょう》とはみられませんでした。

ちなみに姉の太田皇女《おおたのひめみこ》は黒髪でした。当時はこうした霊力の強いヒメが重用されていました。幼い頃より霊感が強く、額田皇女にも匹敵する巫女体質でした。天智《てんち》天皇《てんのう》が額田皇女を大海人皇子《おおあまのおうじ》から奪ったのも、神の声を聞く霊力故でした。天武天皇《てんむてんのう》の決断力はサララヒメミコのアドバイスがあったからこそです。壬申の乱《じんしんのらん》とされるクーデターも、わずか三日で近江朝側の大友皇子《おおとものみこ》をはじめとする天智天皇の側近を斬首できたのは、サララヒメミコの神託があったからこそです。

また、サララヒメミコは度々吉野へ行幸《ぎょうこう》しており、そこ吉野で霊力の補充をしていました。吉野はかつて邪馬台国の代々の卑弥呼が居住した場所です。後年吉野で宇気比《うけひ》を行い、皇子を集めてクーデターを行わないようにと諫《いさ》めたのも、事前に神託で大津の反乱を知っていたため、釘を刺したことと思われます。

サララヒメミコの性格は神速果断《じんそくかだん》、とにかく決断が早く、決めたことは絶対にやり抜くというものです。どんな難題であっても、一晩経てば朝議の際に指示が出てきました。この頃はおそらくすべて神託で決まっていたと思います。

現代よりも霊力が重視されていた時代です。この時代は古墳終末期ですが、すべての古墳に呪術がかけられており、その呪はいまとなっては分からないものですが、国家鎮護の要素が強いものだと思います。『古事記』の編纂《へんさん》も神託の一つでした。稗田阿礼《ひえだのあれ》をはじめ、主だったスタッフはなんらかの霊能力を有する人々でした。

サララヒメミコは古代国家から続く、日本最後の巫女ヒメでした。

＊

「髪は金髪で目は碧眼」……このようなことを言い出すと、真っ赤になって怒り出す方がおいでかもしれませんが、ただ、当時を見てきた人は他に誰もいないのです。だから間違っていると言うのは、それこそ間違っていると思います。様々な可能性を考え、受け入れ、その中から、今を生きる知恵を得ることが大事なのだと思うからです。むしろ教条主義的にドグマに縛られることの方が、はるかに罪深いのではないかと思います。

おわりに――なぜ東南アジアに白人国がないのでしょうか

みなさんは、「なぜ東南アジアに白人国がないのか」と考えられたことはおありでしょうか。

欧米による植民地支配が、東南アジア諸国よりも早い段階で行われたのは南米です。かつて南米には、スペイン、ポルトガルがやってきました。そしてアルゼンチンやウルグアイは、完全に白人だけの国家になりました。

そこでは先住民の文明も、種も、痕跡さえなくなっています。そこでは先住民族たちが、ほぼ完ぺきに抹殺されました。

同じ南米でも、エクアドルやペルー、ボリビアなどには、原住民系の顔立ちの人たちが数多くいます。けれど彼らは、支配階級が白人の純血種、そして先住民系の人たちは貧困な被支配層となっています。そして彼らは百パーセント白人種との混血です。そして先住民たちが、かつてもっていた文明は、言語習俗習慣さえ、完全に喪失しています。

では東南アジア諸国はどうでしょうか。

不思議なことにアルゼンチンやウルグアイのように完全に白人だけの国になったところはありません。

なぜでしょうか。

実は理由があるのです。

スペインやポルトガルが東亜地域にやってきたとき（そのときはイギリスなどもやってきていましたが）、日本は信長の時代の天正年間でした。そして天正年間以降、日本は従来からの八幡船《ばはんせん》よりも、さらに船舶を大型化した末次船《すえつぐぶね》や荒木船《あらきぶね》を開発し、東亜の海へと乗り出して行っていました。これら末次船や荒木船を用いた交易船船のことを朱印船《しゅいんせん》と言います。

朱印船は、船舶の長さがおよそ五十メートルで、最大乗船員数が三百人。

それまでの八幡船とは比較にならないほどの大型帆船でした。

信長から秀吉の時代にかけての日本人は、この船に乗って、遠く越国（ベトナム）や、シャム（タイ）、ロッコン（マレーシア）、ルソン（フィリピン）、ジャワ（インドネシア）、天竺（インド）にまででかけ、そこで日本人町を作ったりもしていました。山田長政《やまだながまさ》などが活躍した時代でもあります。

そしてこの時代、スペイン、ポルトガルやイギリスなどが、南米と同様、東亜諸国への進出と傍若無人《ぼうじゃくぶじん》を働こうとしたのですが、これに対して倭人たち（日本人）が、敢然《かんぜん》と挑み、彼らの不法行為を許しませんでした。

結果、東亜諸国では、白人種によって完全に滅ぼされて、現地の人の血が絶える、あるいは完全に混血してしまうということが、あまり起こらず（あまりというのは、南洋の小さな島国では完全に混血してしまったケースもある）、一定規模以上の国は、すべて人種を維持することができたのです。

そしてその影響は、日本が鎖国を行った江戸時代に入っても、そのまま残りました。あまり過度に現地を刺激して、日本を怒らせて日本が再び東南アジア諸国に出てくることがあれば、白人諸国はせっかく手に入れた東亜諸国を失うことになってしまうという危機意識が、彼らの中に残ったのです。

これは東亜の歴史を考える上で、とても重要なことです。

なぜなら、もし信長から秀吉の時代に、日本が東亜諸国との交易に進出していなければ、東亜諸国のなかのいずれかは、アルゼンチンのような白人国になっていた可能性があることは、否定できない事実だからです。

え?そんなこと聞いたことがないって?

いやいや、戦前戦中までの日本の国史の教科書に、そういうことがちゃんと書いてあったのです。もちろん小学生向けですから混血のことまでは書かれていません。けれど、天正年間に日本人が東亜諸国で公正な交易を行い、白人諸国の不正を許さず、不正があれば、日本人が敢然と彼らと戦い、これを打ち負かし、条理を貫いたという事実は、ちゃんと書かれていました。

ここで述べようとしていることは、今の教科書が劣っているとか、戦前戦中までの教科書の方が上だとか、そういった上下をつけることや、戦前戦中と現代とを対立させるとかいうことではありません。戦前戦中の教科書には、それなりに良いところがあるし、いまの教科書の方が優れているところも、たくさんあるのです。

申し上げたいことは、そのような「対立的な思考」を、まず排除していただきたいということです。そのうえで、この記事を通じて何を言おうとしているのかというと、タイトルにある「なぜ東南アジアに白人国がないのでしょうか」という単純かつ素朴な疑問です。

そうした素朴な疑問を持つこと、その素朴な疑問から目を離すことなく、そこから自分なりの考察を深めていくことが、とても大切だ、ということを申し上げたいのです。

繰り返しもうしあげていることですが、人が生きていれば、必ず問題が起こります。これは会社などの組織でも同じです。組織が動いていれば、必ず問題が起こるのです。ですから

「問題がある」、あるいは「問題が起こる」ということは、物事が動いているということの証《あかし》であって、実はとても良いことです。

この点、よく会社などで、「あいつは問題をよく引き起こすやつだ」みたいなことが言われて、問題児＝否定的存在とされることは、とても残念なことに思います。問題が起きるということは、それだけその社員（スタッフ等）が、一生懸命、たくさんの仕事をこなしているということの証《あかし》だからです。そして問題というのは、かならず解決可能な問題しか神様は与えないのですから、問題解決のために智慧をしぼります。そこから成長が生まれます。

手塚治虫といえば、押しも押されぬ「マンガの神様」と呼ばれる偉大な漫画家です。「火の鳥」や「ブッダ」、「ブラックジャック」、「三つ目がとおる」など、数々の名作をのこした偉大な漫画家として知られています。

けれど、そんな手塚治虫だって、みずからが作った虫プロダクションが倒産して、多額の負債を抱え込んでにっちもさっちもいかなくなった時代があったのです。

しかもその頃、手塚マンガが市場から飽きられて、売れなくなる、連載も打ち切られるといったつらい時期を経験しています。
当時は劇画《げきが》が流行した時代でした。子供向けマンガに近い画法の手塚マンガは、そうした劇画派の人たちからずいぶんとこき下ろされましたし、手塚はもう終わったという人もいたし、実際、手塚マンガがまったく売れなくなったのです。

それでも手塚治虫は、決してあきらめませんでした。なんとか頑張ってマンガを書き続けようとしていました。

そんな手塚治虫に当時『少年チャンピオン』の編集長が、かつての偉大な漫画家の最期を看取《みと》ってやろうという仏心で連載を開始したのが「ブラックジャック」でした。これが大当たりし、手塚治虫は、まさに不死鳥のごとく復活を遂げたのです。けれど振り返ってみれば、手塚治虫にとって、そんな冬の時代、つらい時代があったからこそ、まさに不朽の名作と呼ばれる数々の作品を世に残すことができたのだと思います。

生きることは試練の連続です。その試練に打ち勝つ、もう立ち上がれないと思うほどつらい経験をして、そこから這《は》い上がるために何が必要なのかといえば、自分の原点に帰ること、現状の自分のあり方に素朴な疑問を持つこと、その素朴な疑問から目を離すことなく、そこから自分なりの考察を深めることが、結果として、新たな人生を切り開く鍵になるのではないかと思うのです。

歴史は、そういうことを学ぶためにある。そんなふうに思います。

お読みいただき、ありがとうございました。

歴史を学ぶことでネガティブをポジティブに

小名木善行

日本建国史

令和3年 2 月 5 日 初版発行
令和6年 11 月 23 日 第6刷発行

著 者 小名木善行
発行人 蟹江幹彦
発行所 株式会社 青林堂
〒150-0002 東京都渋谷区渋谷 3-7-6
電話 03-5468-7769
装 幀 TSTJ inc.
印刷所 中央精版印刷株式会社

Printed in Japan

ISBN 978-4-7926-0697-8